Johann Christoph Blumhardt

Leuchtende Liebe zu den Menschen

D1732447

Johann Christoph Blumhardt

Leuchtende Liebe zu den Menschen

Beiträge zu Leben und Werk

Herausgegeben von
Walther Günther und Gerhard Schäfer

J. F. Steinkopf Verlag Stuttgart

CIP-Kurztitelaufnahme der Deutschen Bibliothek

Johann Christoph Blumhardt, Leuchtende Liebe zu den Menschen:
Beitr. zu Leben u. Werk / hrsg. von Walther Günther u. Gerhard Schäfer. –
1. Aufl. – Stuttgart: Steinkopf, 1981.
  ISBN 3-7984-0509-3.

NE: Günther, Walther [Hrsg.]
Umschlagbild und Vorlage für S. 60–69: Sammlung Werner Jäckh, Stuttgart
Gesamtherstellung: Aumüller Druck KG Regensburg
Alle Rechte vorbehalten
© J. F. Steinkopf Verlag GmbH, Stuttgart 1981

Inhalt

Walther Günther und Gerhard Schäfer: Einleitung   7

Albrecht Hege: Predigt beim ökumenischen Gottesdienst
in Bad Boll am 24. Februar 1980
Zum 100. Todestag von Johann Christoph Blumhardt   12

Gerhard Schäfer: Johann Christoph Blumhardt
Bausteine zu einer Biographie   18

Paul Ernst: »Gefühle am Schafott« (1829) –
der Erstling des Seelsorgers Johann Christoph Blumhardt   47

Eberhard Kerlen: Analyse der Predigt über Lukas 18, 1–8
gehalten am 13. Oktober 1850 in Möttlingen   57

Gerhard Sauter: Was hat Johann Christoph Blumhardt
der Kirche und Theologie heute zu sagen?   85

Markus Mattmüller: Zur Wirkungsgeschichte der beiden
Blumhardt in der Schweiz   99

Verzeichnis der Autoren

Studienrat i. R. Dr. Paul Ernst, früher Leiter der Blumhardt-Forschungsstelle der Württ. Landesbibliothek Stuttgart

Pfarrer Dr. Walther Günther, Direktion der Europäisch-Festländischen Brüderunität, Bad Boll

Prälat Dr. Albrecht Hege, Heilbronn

Studiendirektor Dr. Eberhard Kerlen, Leiter des Predigerseminars der Rheinischen Landeskirche, Essen

Prof. Dr. Markus Mattmüller, Ordinarius für Geschichte an der Universität Basel

Prof. Dr. Gerhard Sauter, Ordinarius für Systematische Theologie an der Universität Bonn

Archivdirektor Dr. Gerhard Schäfer, Leiter des Landeskirchlichen Archivs Stuttgart

Einleitung

Am 25. Februar 1980 findet sich im Festsaal des Kurhauses Bad Boll eine
Schar von Menschen zu einer Feierstunde zusammen. Es werden Blumhardt-
Lieder gesungen. Zeugnisse von Johann Christoph Blumhardt dem Älteren
werden zu Gehör gebracht. Es schließt sich ein Gang zum Bad-Friedhof an, wo
an Blumhardts Grab die Osterliturgie der Brüdergemeine erklingt, ein Bekenntnis zu Jesus als dem Sieger über die Todesmächte.

Mit dieser Feier am 100. Todestag Blumhardts begann ein Symposion
von Freunden und Kennern Blumhardts, die sich während einer halben Woche
mit diesem Mann beschäftigten, um Bausteine zu einem Verständnis seines
Lebens und Wirkens, Elemente zu einer Biographie zusammenzutragen. Die
Beiträge dieses Buches spiegeln einen wesentlichen Teil der Gespräche. Der
Titel des Buches nimmt eine Formulierung von Blumhardt dem Jüngeren auf.

Die Brüder-Unität, deren westlicher Distrikt seit 1945 in Bad Boll seinen
Sitz hat, ist seit 1920 Eigentümerin des Kurhauses Bad Boll. Das Verhältnis
der Herrnhuter Brüdergemeine zur württembergischen Kirchlichkeit ist seit
Bengel und Zinzendorf ambivalent. Die stellenweise ins Schwärmerische gehende Heilandsfrömmigkeit der Brüder war dem nüchternen und spekulativen
Biblizismus der Württemberger ein Dorn im Auge. Hinzu kam die kirchliche
Sonderexistenz, die sich in Auseinandersetzung mit der sächsischen Staatskir-
che ergab. In Württemberg blieb der Pietismus in der Kirche. Zugleich ist jedoch der Einfluß Herrnhuts auf Württemberg nicht wegzudenken. Hier ist an
Oetinger zu erinnern, an die Reihe von Missionaren aus Württemberg, die seit
dem 18. Jahrhundert über Herrnhut ausgesandt wurden, weiter an die Gründung Korntals nach dem Vorbild Herrnhuts sowie die Wirkung der Reisepre-
diger in Württemberg, voran Johann Conrad Weiz. Im Basel der Christentumsgesellschaft und der beginnenden Basler Mission trafen sich die herrnhu-
tischen und die schwäbischen Einflüsse. Und hier wurde Blumhardt geprägt,
als er ab 1830 über 6 Jahre Lehrer am Missionsseminar war. Er äußert sich sel-
ten über die Brüdergemeine, benutzt aber selbstverständlich das Losungsbuch
für viele Andachten und kennt die Geschichte Herrnhuts und der von dort aus-

gegangenen Mission sehr genau. In seiner »Missionsgeschichte« hat er sie dargestellt.

Es ist deutlich, daß gerade die Basler Zeit Blumhardts und die Beziehung zu Herrnhut wie zur Mission eines der Kapitel ist, das noch weiterer Erforschung bedarf. Dann werden wohl auch die Motive noch klarer ans Licht treten für die Übergabe von Bad Boll an die Brüdergemeine 1920. Es geschah damals mit folgenden Worten:

»Bad Boll soll ein Haus sein, wo der Heiland regiert, in dem man nach dem Reiche Gottes trachtet und sich um sein Wort sammelt.

Es soll eine Stätte sein, von der Segen ausströmt in weite Kreise des Volkes, wo Arme und Reiche sich in einem Geiste zusammenfinden, wo Mühseligen und Beladenen eine Stätte geboten wird, von der aus sie neu gestärkt wieder hinaustreten können in den Kampf des Lebens und wo Liebe und Barmherzigkeit wohnen.«

Friedrich Zündel, der Freund Blumhardts, dessen Lebensbild bis heute unübertroffen ist, hat am Grab über ihn gesagt, er sei eine Persönlichkeit, in welcher das Heilige natürlich und das Natürliche heilig war. Ein anderer Augenzeuge nennt ihn einen »Mensch aus einem Guß von freundlicher Gestalt und freundlichem Gehalt. Eine Mischung aus württembergischer Wissenschaftlichkeit, herrnhutischer Heilandsseligkeit und schwäbischer Zuchtlosigkeit« (mit dem letzten Wort ist seine zupackende Derbheit angesprochen). Aus diesen und ähnlichen Belegen ergibt sich das Urteil, daß wir es bei Blumhardt mit einer Persönlichkeit von außerordentlicher Ausstrahlung zu tun haben. Man wird ihn nicht allein nach seinen nachgelassenen Worten verstehen können, sondern die unmittelbare Wirkung als Person hinzunehmen müssen. Hier tritt uns eine Gestalt von glaubwürdiger christlicher Identität gegenüber, von der auf andere helfende und heilende Kräfte ausgingen. Er hat sich selbst stets dagegen gewehrt, diese Kräfte ihm, Blumhardt, zuzuschreiben, und auf seinen Herrn Jesus Christus verwiesen. Und er hat die Grenzen seiner Wirksamkeit bei vielen Seelsorgefällen deutlich gespürt und auch von daher auf das nahe Reich Gottes und auf die Geistausgießung intensiv gewartet und darum gebetet.

Auch Christoph Blumhardt, der Sohn, ähnelte darin dem Vater. Seine Wirkung war ähnlich, was die erstaunliche Kontinuität im Dienst an den Gästen in Bad Boll ermöglichte. Hier setzt eine weitere Frage an, die nach dem Verhältnis von Vater und Sohn. Es gibt das Phänomen Blumhardt, das beide umfaßt und eine einheitliche Auswirkung zu haben scheint. Es gibt auch die deutliche Kritik des Sohnes gegenüber dem Vater, besonders seit 1895. Die theologische Grundüberzeugung verbindet aber beide sehr stark. In den Folgerungen daraus stehen sie den jeweils unterschiedlichen Ausprägungen von Dämonie in ihrer Zeit gegenüber, die es zu bekämpfen gilt. Wir möchten über diese Andeutungen hier nicht hinaus gehen. Sie weisen auf eine weitere Frage, an der zu arbeiten sich lohnt. Denn dies bleibt das Thema der christlichen Botschaft: den Dämonen, von denen Menschen beherrscht werden, den Sieg Jesu in der jeweiligen Zeit und Situation vollmächtig und glaubwürdig gegenüberzustellen.

Albrecht Hege predigte am Vortag, 24. Februar 1980, in der Stiftskirche in Boll über Psalm 130,5-8: Ich harre des Herrn... Er versuchte, Stationen des Lebens von Blumhardt zum Zeugnis für die Gemeinde heute werden zu lassen.

Gerhard Schäfer gab einen Überblick über das Werden Blumhardts in seiner württembergischen Umwelt und über diese hinaus. Der Kampf in Möttlingen entzieht als klassisches Beispiel einer Glaubensheilung sich letzten Endes der Deutung; die Bedeutung für das gesamte Wirken und Hoffen Blumhardts vor allem in Bad Boll wurde beispielhaft dargestellt.

Paul Ernst führte das bisher unbekannte Erstlingswerk Blumhardts vom Jahr 1829 vor. Es zeigt bereits in Ansätzen die spätere seelsorgerliche Persönlichkeit und das seelsorgerliche Wirken Blumhardts, der sich ganz auf die Seite des Menschen stellt, ohne die Sünde zu verharmlosen.

Eberhard Kerlen analysierte eine Predigt Blumhardts aus der Möttlinger Zeit. Das Verständnis für den besonderen, den Zuhörer sofort ansprechenden und in das biblische Wort hineinnehmenden Predigtstil verband sich mit Hinweisen auf grundsätzliche theologische Aussagen im Anschluß an den vorgegebenen Text.

Gerhard Sauter fragte in seinem Referat nach Rang und Bedeutung Blumhardts innerhalb der Theologiegeschichte: ist er nur eine merkwürdige Erscheinung oder eine denkwürdige Gestalt? Die Eigenart Blumhardts und seiner Theologie wurde hervorgehoben; der Anstoß, den er in einer sehr persönlichen Weise anderen Theologen vermittelte, konnte ebenso deutlich hervorgehoben werden.

Markus Mattmüller zeigte die Wirkungsgeschichte Blumhardts in der Schweiz auf. Blumhardts persönlicher Stil und seine aus einem Erlebnis, nicht aus systematischen Erwägungen fließende Theologie finden ihre Entsprechung in der Ausstrahlungskraft und in der Prägung, die von ihm auf andere

Persönlichkeiten ausgingen. Vater und Sohn Blumhardt erscheinen bei ihrem Einfluß gerade in der Schweiz weitgehend als Einheit.

Die Referate werden hier zum Teil ohne Anmerkungen in derselben Fassung wiedergegeben, wie sie beim Symposion in Bad Boll gehalten wurden; vor allem bei der Predigt von Albrecht Hege ist die Form der unmittelbaren Anrede an die Gemeinde beibehalten. Die Beiträge von Gerhard Schäfer und Gerhard Sauter sind überarbeitet.

Die beim Symposion an die Referate sich anschließenden Gespräche suchten die Eigenart Blumhardts noch weiter zu erfassen und galten besonders dem Verhältnis von Blumhardt Vater und Sohn. Als Ertrag des gesamten Symposions kann zum ersten festgehalten werden, daß die theologische Wissenschaft den Zugang zu Blumhardt gefunden hat und ernstlich sich mit ihm beschäftigt. Es wird jedoch ein gutes Stück Arbeit sein, bis aus dieser grundsätzlichen Hinwendung zu Blumhardt eine wohlfundierte, nicht nur dem Umkreis der Wissenschaft verständliche zusammenfassende Darstellung vorliegen wird. Eine über Zündel hinausführende Biographie ist dringend notwendig; Ansätze dazu ergaben sich in allen Referaten. Am weitesten scheint die Aufarbeitung bezeichnenderweise bei der Analyse der Predigten fortgeschritten zu sein.

Deutlich wurde, daß vor allem Blumhardts Zeit in Basel und in Bad Boll noch weiterer Erhellung bedarf. In Basel kam Blumhardt erneut in Berührung mit der auch aus dem älteren württembergischen Pietismus stammenden und durch die Aktivitäten der Mission verstärkten Gewißheit vom Wiederanbruch der apostolischen Zeit und vom Nahen des Reiches Gottes. Missionslieder der Erweckungsbewegung zeigen das deutlich: Die Zeit eilt ihrem Ziel entgegen; Gott ist am Werk in dieser Zeit des Endkampfes; man ersehnt ein neues Pfingsten, bei dem das Feuer Gottes wieder hell brennt; der Herr aber wird sein Werk vollenden, im Himmel und auf Erden ist alle Macht dann sein. In Basel lernt Blumhardt auch eine an modernen Vorbildern, an Pestalozzi, orientierte Pädagogik kennen, die in hintergründiger Weise eine Brücke schlägt zum Fortschritts- und Bildungsoptimismus des 19. Jahrhunderts. Der Kampf in Möttlingen und der von Blumhardt erlebte Sieg Jesu über die Dämonen bestätigen dann ihm ganz persönlich die in Basel allgemein herrschende Gewißheit. Die Zeit in Bad Boll, die Jahre der Reife, bauen darauf auf.

Gleichzeitig taucht aber ab Möttlingen das Problem auf, daß es zwar Heilungen einzelner gibt, daß aber die in diesem einzelnen Fall für die ganze Welt sich ankündigende Heilszeit nicht unmittelbar und voll hereinbrechen will; Blumhardt steht mit den ersten Christen vor dem Problem der Verzögerung der Wiederkunft des Herrn. Und hier scheint das Lebenswerk und die Theologie von Blumhardt Vater und Sohn sich ebenfalls zu einer Einheit zu schließen. Der Vater ringt darum, ob er das Wort wagen dürfe, der Herr komme nun wirklich bald, mindestens noch in seiner eigenen Generation; wenn das nicht geschehe, wären alle vorausgegangenen Zeichen und Erfahrungen Täuschung, was aber wiederum nicht sein kann; aber er versagt sich ein so kühnes Postulat und hält stille in der Hoffnung. Der Sohn scheint vor derselben Frage zu stehen: er will die Brücken zur Vergangenheit abbrechen und allein in eine Zukunft hinein arbeiten, die deutlich ein Schritt in Richtung auf die Heilszeit ist. Gleichzeitig bemüht er sich aber, im konkreten Ablauf seiner Zeitgeschichte Zeichen für das Hereinbrechen des Reiches des Friedens und der Gerechtigkeit auszumachen. Schließlich sieht er die Aufgabe, durch eigene politische Aktivitäten das Kommende zu fördern. Da Gott kommt, kann er sich nur auf die Seite des Fortschritts stellen; er vollzieht damit, wohl sich selbst nicht bewußt, den Übergang in die Tradition der Schule Hegels, der der Vater immer mit Abstand gegenübergestanden hatte. Dann aber zieht er sich still und ohne laute Begründung von der politischen Arbeit wieder zurück.

Vielleicht muß man in der Biographie des Vaters von einem zweiten Kampf in Bad Boll reden, der sehr viel mehr in der Einsamkeit ausgetragen wurde als der Kampf in Möttlingen, von einem Ringen zwischen der Gewißheit vom unmittelbar bevorstehenden Kommen des Herrn und zwischen der Notwendigkeit, sich doch in der Spannung des Advents zu bescheiden. Vielleicht würde diese Sicht auch einen Ansatzpunkt für die Biographie des Sohnes ergeben und zu einer »Theologie der Hoffnung« führen, an der Blumhardt Vater und Sohn teilhaben und die in der Tradition des Pietismus seit Spener und vor allem im Umkreis des württembergischen Pietismus zwischen Chiliasmus und verantwortungsvoll gestalteter »Erwartung besserer Zeiten« steht.

So brachte das Blumhardt-Symposion Ansätze und Hinweise für die weitere Arbeit, deren Ziel es sein muß, Blumhardt lebendig werden zu lassen, ihn, der gerade als Theologe nicht vom denkerischen System, sondern vom Leben und Erleben ausging, im Leben unserer Gemeinden weiter wirken zu lassen.

Walther Günther – Gerhard Schäfer

Albrecht Hege

Predigt beim ökumenischen Gottesdienst
in Bad Boll am 24. Februar 1980

Zum 100. Todestag von Johann Christoph Blumhardt

»Ich harre des Herrn.
Meine Seele harret und ich hoffe auf sein Wort.
Meine Seele wartet auf den Herrn mehr als der Wächter
auf den Morgen.
Mehr als der Wächter auf den Morgen hoffe, Israel,
auf den Herrn!
Denn bei dem Herrn ist Gnade und viel Erlösung bei ihm,
und er wird Israel erlösen aus allen seinen Sünden.«

Psalm 130, 5–8

Liebe Gemeinde, morgen werden es hundert Jahre sein, daß Johann Christoph Blumhardt hier in Boll gestorben ist. Seit 1880 liegt er auf dem kleinen Friedhof beim Kurhaus begraben. Morgen Nachmittag wird sich an diesem Grab ein Kreis von Menschen versammeln, die deswegen zum Teil von weither gereist sind. Das wird – in einem Ausschnitt – sein, wie es vor einhundert Jahren oftmals war. Da sind viele von weither gekommen und haben sich gedrängt, seine Predigten zu hören, oft in einer Zahl, daß die Plätze im Kirchsaal bei weitem nicht reichten und Frau Doris Blumhardt nicht wußte, wie sie alle unterbringen sollte, so groß das Haus auch war. »Mir war unbeschreiblich wohl dort in Boll«, schrieb einer dieser Gäste einem Freund.

Das ist nun hundert Jahre her. Und ist doch nicht einfach vergangen. Wir merken das in diesem Augenblick. Der Segen, der von einem Menschen ausgeht, wird nicht mit ihm zu Grabe getragen. Segen ist eine Kraft, die weiterwirkt. Sie wirkt selbst dort, wo gar nicht mehr bewußt ist, woher der Segen kommt. Wenn's einem bewußt wird, wird es zum Geschenk. Wie jetzt.

12

Es gehört zu diesem Eindruck: »Es war mir in Boll so unbeschreiblich wohl«, daß wir fragen: Was ist es eigentlich gewesen, das die Menschen so angezogen hat an diesem Mann? Wie läßt sich beschreiben, was nun auch uns anrührt, wenn wir in diesem Gottesdienst an Johann Christoph Blumhardt denken, den Mann, den wir zur Unterscheidung von seinem Sohn, Blumhardt den Älteren, den Vater, nennen?

Von den Worten des einhundertdreißigsten Psalms her läßt es sich so sagen: Johann Christoph Blumhardt hat zu den Menschen gehört, die gewartet haben. Er hat sehnsüchtig, intensiv, zuversichtlich gewartet. Wie diese Worte es sagen: »Ich harre des Herrn. Ich hoffe auf sein Wort. Mehr als der Wächter auf den Morgen warte ich auf den Herrn.«

Das Warten ist zur Leitlinie im Leben von Johann Christoph Blumhardt geworden. Dieses Warten hat ihn in den Kampf geführt. In diesem Warten hat er Gewißheit gefunden.

1.

Das Warten ist die Leitlinie seines Lebens geworden.

Sein Sohn sagt von ihm: »Gott hat ihm eine leuchtende Liebe zur ganzen Welt und zu allen Menschen in sein Herz gegeben.« Für diese starke Liebe war es unerträglich, mit anzusehen, wie in Iptingen, wo er Pfarrverweser war, und in Möttlingen, wo er seine erste Pfarrstelle bekam, die meisten Familien leben mußten: am Rand des Hungers, oft nicht in der Lage, sich eine Kuh wiederzukaufen, wenn die eine, die sie bisher hatten, verendet war.

»So ärmlich darf es nicht weitergehen!« drängte es sich Blumhardt auf.

Noch tiefer empfand er die andere Not. In diesen abgelegenen Dörfern wurde Zauberei getrieben, da wurden Menschen und Vieh besprochen. Und das legte sich als ein Bann auf die Häuser, und machte Predigt, Bibelstunde und Hausbesuche wirkungslos. Das innere Elend wurde größer als das äußere.

In den Jahren, in denen Blumhardt in Basel im Missionshaus war, hatte sein Blick sich geweitet. Aus Ostindien und Westafrika kamen zu jener Zeit die ersten Missionare wieder zurück; sie berichteten, wie hilflos die Menschen dort ihren Krankheiten und ihrer Armut ausgeliefert waren und wie sie geängstet wurden von den bösen Geistern, an die sie glaubten. Die Last, die auf diesen Völkern lag, legte sich ihm als Druck auf das eigene Herz.

Er schlug seine Bibel auf. Dort standen die Verheißungen. Im Alten wie im Neuen Testament. Sie sagten ihm: Es wird so nicht bleiben. Es wird ein

Neues kommen. Die große Gnadenzeit wird der Wiederkunft Christi vorausgehen. Das wird nicht dereinst einmal so sein, sondern bald. »Bald oder nie!«, konnte Blumhardt mit Nachdruck sagen.

Es war die Zeit, in der Bauern aus Korntal, wenn sie am Morgen zur Arbeit aufs Feld gingen, ihre Jacken am Ostrand ihrer Äcker ablegten. Wenn der Herr Jesus wiederkam, würde er von Osten kommen, da wollten sie nicht erst in die entgegengesetzte Richtung laufen müssen, um ihre Jacken zu holen.

Es war die Zeit, in der ein adeliger Gutsherr eine Kutsche immer fahrbereit hielt, um ohne Verzögerung dem Herrn Jesus entgegenfahren zu können, wenn er kam.

Es war die Zeit, in der in manchem frommen Haus zu Mittag und Abend stets ein Gedeck mehr aufgelegt wurde – es sollte nicht nur als Wort gesprochen sein: »Komm, Herr Jesu, sei du unser Gast ...«

Erwartung, die lebendig ist, wird immer Naherwartung sein.

Blumhardt war überzeugt, nur wenige Jahre trennen uns von der großen Gnadenzeit. Seine Sorge war immer wach, wir könnten über unseren theologischen und politischen Streitigkeiten das Klopfen Jesu überhören.

2.

Ein Leben, vom Warten bestimmt, und dadurch in den Kampf geführt. Warten bedeutet nicht nichts tun. Es bedeutet nicht: es auf sich zukommen lassen, sich abfinden mit dem, wie es ist. Warten ist eine Tat.

Blumhardt hat den Kampf nicht gesucht. Schon gar nicht dort, wo er ihn aufnehmen mußte: In dem kleinen niederen Haus der Geschwister Dittus in Möttlingen (sie waren Waisen geworden) kam alles zusammen, bittere Armut, Familienelend und Zauberei. Am schlimmsten erging es im Kreis der Geschwister der Schwester Gottliebin. Von einer Tante war sie mehrfach besprochen worden. Nun wurde sie aus ihrem Glauben an Jesus herausgerissen von einer fremden Macht, die ihr ihren Willen aufzwang. In einem seelischen Ringen, das über zwei Jahre ging, hat Blumhardt die Macht Jesu herbeigebetet und in sich die Versuchung niedergerungen: Gib's auf. Den Kampf gewinnst du nie! Was mit diesem Mädchen geschieht, ist Irrsinn und wider alle Vernunft! Mit dem Ruf der Schwester Katharina, Häuser weit zu hören, »Jesus ist Sieger!« war der Kampf entschieden. Aus dem armen, mißhandelten Geschöpf Gottliebin Dittus wurde die klarblickende, tatkräftige, unentbehrliche Hauswirtschaftsleiterin im Kurhaus Bad Boll.

14

An Einzelzügen dieses Kampfes merken wir den Abstand der einhundert Jahre. Wer jedoch meint, er könne – aufgeklärt und überlegen – dieses ganze Geschehen abtun, möge sich nicht täuschen. Wer die Jahre des Dritten Reiches mit wachem Blick erlebt hat, hütet sich, die Macht des Dämonischen leicht zu nehmen.

Für Blumhardt war das Ende dieses Kampfes, wie wenn ein Fluß durchgebrochen ist durch ein enges Felsental und nun machtvoll dahinströmen kann.

Ein Kampf dieser Art ist kein zweites Mal von ihm verlangt worden. Zu kämpfen aber gab es weiterhin genug. Es war Kühnheit, das gesamte Anwesen Bad Boll zu erwerben mit nur 400 eigenen Gulden. Es war Kühnheit, dieses Areal zu übernehmen, ohne alle Erfahrung in der Führung eines solchen Betriebes. Es war kühn, zu hoffen, daß es gelingen könne, diese Häuser und die Mitarbeiterschaft (wobei nicht nur die Gebäude verlottert waren) zu verwandeln in ein Hauswesen, in dem die Atmosphäre eines christlichen Geistes den Gast schon beim Eintreten empfing. Und es gehörte Tapferkeit dazu, als dies alles gelungen war, sich von keiner Seite zum Wunderdoktor machen zu lassen (zum Wunder-Bad Boll hätte das so gut gepaßt!). Es verlangte Tapferkeit, bei aller Berühmtheit zu beharren auf Schrift, Gebet und Ruf zur Buße und gegen andere Erwartungen auszudrücken: das heilende Handeln kommt von Gott allein.

Es kostete Mut, die Einsamkeit nicht zu scheuen, die daraus kam. Er selber schreibt einmal: »Aber allein, allein stehe ich. Kein Mensch begreift mich und meine Erfahrungen.« Dieser tägliche Kampf war die wohl noch größere Tapferkeit, tapferer noch als der Kampf um die Gottliebin Dittus und als der Anfang in Bad Boll.

3.

Im Warten hat Johann Christoph Blumhardt Gewißheit gefunden.

Die meisten, die damals zu Blumhardt nach Boll gereist sind, sind wohl deswegen gekommen, weil sie dem Mann begegnen wollten, der auf einem so festen Grund stand.

Ja, er stand auf festem Grund, er stand aber nie über dem, der zu ihm kam mit seinen Zweifeln, in seiner Ratlosigkeit, mit seiner Lebensschuld. Er war seines Auftrags gewiß, aber das erhob ihn in seinen eigenen Augen um nichts über andere Menschen. Er wollte nur eines, dem anderen in den Himmel helfen. So drückte er es selber einmal aus. Auch er sollte Gewißheit finden.

Dazu hatte Blumhardt Bad Boll gekauft. Die Möglichkeiten sollten gegeben sein, einer größeren Zahl von Menschen beizustehen in den Krankheiten ihres Gemüts, als dies in Möttlingen der Fall gewesen wäre.

»Ich bin Seelsorger,« schreibt er einem Freund, »Seelsorger und nichts weiter. Ich zeuge von dem was die Bibel sagt. Das Evangelium ist für mich eine Kraftquelle, nicht bloß ein Wort.«

Wenn er schon zugeben muß, daß Anziehungskraft von ihm ausgeht, mehr wie von manchem anderen Pfarrer und Seelsorger, dann, so schreibt er, nur deshalb, »weil ich den Verheißungen der Heiligen Schrift mehr Realität zutraue, als andere es tun mögen«.

Diesen Geist des gewissen Vertrauens atmete das ganze Haus. Neben Blumhardt stand seine Frau Doris. Sie ist, von Natur aus schüchtern und rasch überfordert, erstaunlich in ihre Aufgabe hineingewachsen. »Eine Gesundheit hat sich ihrer bemächtigt«, schreibt ihr Sohn, »die wir an ihr früher gar nicht gekannt haben. Sie war im Laufe der Jahre so gewiß geworden, daß man ohne Sorge auch das Allergrößte bewältigen kann, weil immer zur rechten Zeit ein wundersames Walten des Heilands sich einstellte; so kam es, daß sie nun mit einer Überlegenheit allem nachzukommen wußte, was sie als eine große Frau erscheinen ließ, als die sie sich selbst doch so gar nicht fühlte.«

Es gehört zum Bild von Johann Christoph Blumhardt, daß die Frau an seiner Seite von seiner starken Persönlichkeit nicht erdrückt wurde, wie das schon manchmal gerade in christlichen Ehen geschehen ist. Neben ihm konnte seine Frau sich frei entfalten. »Nicht zwei Leben«, so hören wir noch einmal den Sohn, »sondern ein Leben zweier Menschen strömte durch die Jahre dahin«.

Die Gewißheit, die mitten durch dieses gemeinsame Leben ging, ist greifbar in den Versen, die von ihm besonders bekannt geworden sind und die wir zu Anfang dieses Gottesdienstes miteinander gesungen haben: »Daß Jesus siegt, bleibt ewig ausgemacht, Sein wird die ganze Welt!« Diese Gewißheit klingt aus seinem zuversichtlichen Ruf: »Vorwärts, es muß zu einem guten Ende führen!«

Die letzten Worte, die er vor seinem Tod gesprochen hat, sind ganz nah bei Psalm 130. Dort ist verheißen: »Bei dem Herrn ist Gnade und viel Erlösung bei ihm.« Johann Christoph Blumhardt: »Der Herr wird seine milde Hand auftun zur Barmherzigkeit über alle Völker.« Das waren seine letzten Worte.

»Mir war in Boll so unbeschreiblich wohl«, ich denke, wir können nachempfinden, daß jemand so schreiben konnte. Ich denke, wir haben gespürt, daß das Leben eines Menschen eine Predigt halten kann. Gott kann uns durch das Leben eines gesegneten Menschen Mut machen mitten hindurch durch alles, was uns bedrücken will, wenn wir an den Weg unserer Welt denken, zuversichtlicher, fröhlicher, entschiedener der Zukunft uns zuzuwenden: »Vorwärts, es muß zu einem guten Ende führen. Jesus siegt!«   Amen.

Gerhard Schäfer

Johann Christoph Blumhardt
Bausteine zu einer Biographie

Dieser Beitrag muß nicht die Stationen des Lebens von Johann Christoph Blumhardt chronologisch genau nacheinander aufzählen; die Daten sind bekannt. Dieser Beitrag kann noch nicht eine Biographie im eigentlichen Sinn geben, zu wenig ist im Augenblick in der nötigen Dichte und Weite aufgearbeitet. Er kann deshalb nur Bausteine zu einer Biographie liefern, oft nur Probleme aufzeigen und Richtungen andeuten. Das Schwergewicht liegt auf der Entwicklung Blumhardts bis zu seinem entscheidenden Erlebnis in Möttlingen und auf dem in äußeren Abläufen zu erfassenden Geschehen bis zur Übernahme von Bad Boll; das Wirken in Bad Boll ist nicht im einzelnen dargestellt, es fehlt zunächst noch ein Überblick über die innere Entwicklung Blumhardts in den Jahren ab 1852. Statt dessen wird in einem abschließenden Teil dieses Beitrags versucht, das Erlebnis in Möttlingen, dessen Eigenart und Wirkung auf Blumhardt in grundsätzlichen Erwägungen genauer zu bestimmen. Für die Zeit vor 1852 wird Blumhardt vor allem innerhalb seiner württembergischen Umwelt gesehen; für die wichtige Zeit seiner Tätigkeit als Lehrer im Missionshaus in Basel vom Herbst 1830 bis Frühjahr 1837 sind noch grundsätzliche Archivstudien an Ort und Stelle notwendig. Die Nachwirkung Blumhardts auf Theologen und Theologie des 20. Jahrhunderts ist bisher nur in allgemeinsten Zügen faßbar, sie bleibt deshalb hier außer Betracht. Ansätze zu einem Überblick über die Stellungnahme von Theologen, Medizinern und Psychologen zu Blumhardt liefert der 2. Band der Edition seiner Möttlinger Schriften[1].

Mit diesen Bemerkungen ist die für diesen Beitrag mögliche Thematik umschrieben. Über die Einzelheiten hinaus mag damit skizziert sein, in welcher Weise eine Blumhardt-Biographie in etwa erarbeitet und aufgebaut sein könnte, der Unterschied zum Lebensbild von Zündel[2] würde damit sichtbar werden. Trotz des reichen biographischen Materials, das Zündel liefert, erschweren die Ansätze einer Legendenbildung, die in dieser so kurz nach dem Tod Blumhardts erschienenen Darstellung enthalten sind, in mancher Hinsicht

---

[1] Die Anmerkungen zu diesem Beitrag S. 43ff.

18

auch den Blick auf Blumhardt, wie er wirklich war. Wir haben das Werk von Zündel als Dokument der Wirkung Blumhardts auf den vertrauten Kreis von Freunden und Anhängern zu betrachten, so dankbar wir auf der anderen Seite für die Überlieferung der vielen Berichte und Erzählungen sein müssen.

Blumhardt in seiner württembergischen Umwelt

Wir können Blumhardt zunächst als Kind seiner Zeit darstellen; dieses Wort »Kind« hat ja seine Bedeutung, denn Blumhardt wurde als Stiftler mit dieser Bezeichnung bedacht[3]. Blumhardt wächst hinein in seine Umwelt, er teilt deren Ansichten und hat Teil an deren Problemen; Blumhardt ist nicht der Große, der schon von Anfang an gleichsam als »Wunderkind« weit über seiner Zeit steht, seiner Zeit weit voraus ist. Er ist als junger Mann kein genialer Typus, der etwa wie sein Zeitgenosse David Friedrich Strauß mit dem einen glänzenden denkerischen Wurf sich in das Rampenlicht der Öffentlichkeit stellen würde; er muß sich langsam an vieles heranarbeiten, was den Söhnen der altwürttembergischen Pfarrersfamilien selbstverständlich, manchmal vielleicht zu selbstverständlich war. Die Tradition der Umwelt wird zuerst einmal angenommen, dann aber im Erleben verarbeitet und in entscheidender Weise weitergebildet und vertieft. Es ist Blumhardts Worten abzuspüren, daß sie nicht leicht oder gar leichtfertig hingesagt sind; Blumhardt kennt den Druck, der auf einem Menschenleben liegen kann. Auch wenn in seiner Verkündigung die Befreiung von dämonischen Kräften, ein Sieg zum Hauptthema wird, so bleibt das Wissen um dunkle Hintergründigkeiten, die zuerst einmal überwunden sein müssen. Neben aller Freude, zu der Blumhardt führen will, bleibt in dieser schon im Äußerlichen schweren Gestalt etwas Schweres.

Blumhardts Entwicklung verläuft nicht in Brüchen, sondern in Durchbrüchen; sie ist ein organischer Reifungsprozeß. Ihm, dem nur langsam Wachsenden, bleibt es dann aber erspart, im Älterwerden sich selber zu überleben und, wiederum nicht wie David Friedrich Strauß, von einer nachfolgenden Generation dem Spott preisgegeben zu werden. Das lautere Wesen Blumhardts beeindruckt auch diejenigen, die nicht den gleichen Weg gehen können wie er selber. Er paßt in keine Schule und er bildet keine Schule; er wirkt als die Persönlichkeit, die er geworden ist. Zu seinen Erkenntnissen findet er nicht in einem weitausgreifenden Denkprozeß, sondern in seinem Erleben. Er selber und der Auftrag, den er als den seinen erkennt, sind eine feste Einheit.

Blumhardt ist am 16. Juli 1805 in Stuttgart geboren. Die Blumhardts waren im 18. Jahrhundert nach Stuttgart gezogen, die Vorfahren standen zunächst im Dienst des Hofes[4]. Die Ausübung eines Handwerks war wohl schon so etwas wie ein Aufstieg. Ohne Anstrengung ging das allerdings nicht; wer aus der unteren Schicht zu einer immer noch bescheidenen, aber sicheren Existenz als Handwerker und Bürger aufsteigen wollte, mußte hart arbeiten; Tüchtigkeit und Bereitschaft zu zeitweiligem Verzicht im Interesse des Fortkommens waren gefordert. Es wurde darauf hingewiesen[5], daß im ländlichen Rahmen in Württemberg eine starke pietistische Prägung dort anzutreffen ist, wo Realteilung herrscht und wo Wendigkeit Voraussetzung für Durchhalten und Erfolg ist. Wir können in Anlehnung daran vielleicht sagen: der aufstrebenden Familie Blumhardt in Stuttgart, die ebensoviel an Wendigkeit aufbringen mußte, war der Pietismus der Erweckung geistige Heimat. In der Bibel fand man die notwendigen gültigen Maßstäbe für ein ordentliches Leben, für ein Zurechtfinden in dem Getriebe einer zunächst noch fremden Welt, für eine den eigenen Verhältnissen angemessene Distanz um Gehabe der Vornehmen; in den pietistischen Zirkeln fand man die notwendige menschliche Nähe.

Die Erweckungsbewegung mit ihrem Aufruf zu einem bewußten christlichen Leben und mit der Verheißung, zum vollen, wahren Leben zu gelangen, war eine Schule für ein wachsames Verhalten in bezug auf die eigene geistliche Haltung, aber auch für ein waches Verhalten in Beruf und Umwelt; Leben und Frömmigkeit sind eng miteinander verbunden. Es ist bezeichnend[6], wie Ludwig Hofacker, der große Prediger der Erweckung in Stuttgart, bemüht ist, die Folge von Buße, Rechtfertigung und Gewißheit der Rechtfertigung in der Versiegelung in ein fortschreitendes System zu bringen, in eine Entwicklung, bei der man die Augen offenhalten muß, aber Schritt für Schritt weitergehen kann und bei der man auch im bürgerlichen Sinn es zu etwas bringen kann. Diese ins Praktische gewendete Form des einstigen durchaus spekulativen Pietismus bestimmte nach dem Ende der klassischen Epoche, nach dem Tod der großen Schwabenväter den in vielen Richtungen in Württemberg bestehenden Pietismus, der zunächst nicht den überragenden Führer besaß[7].

Blumhardt berichtet in seinem Lebenslauf[8], den er bei seiner Investitur in Möttlingen am 23. September 1838 vor der Gemeinde verlas, vom Leben in seinem Elternhaus. Er war der älteste von sechs Geschwistern. Dem Vater, Bäcker und Mehlhändler, dann Holzmesser, lag es sehr am Herzen, in den Kindern christlichen Sinn zu wecken; er versammelte seine Hausgemeinde regelmäßig um sich zu Gebet, Bibellesen und Singen geistlicher Lieder. Die Bi-

20

bel erschloß sich Blumhardt schon in der Kindheit »in elementarer Wirklichkeit«. Gleichzeitig war der Vater aber der Ansicht, den Kindern könne kein besseres Erbteil hinterlassen werden als eine gute und christliche Bildung. »Er scheute daher keine Kosten (so sauer ihm diese auch sonst wurden) in Benützung der Unterrichtsanstalten zu Stuttgart für seine Kinder.« Trotz der vor 1820 schwierigen wirtschaftlichen Lage im Land und trotz der beschränkten finanziellen Verhältnisse der Familie durfte Blumhardt das Gymnasium in Stuttgart besuchen, wo er bald eine Freistelle erhielt; mit dem bestandenen Landexamen, dem Eintritt in das Seminar Schöntal im Jahr 1820 und in das Tübinger Stift im Jahr 1824 ebnete sich dann der Weg für Blumhardt zum Pfarrer; das württembergische System des kostenlosen Aufenthalts und Studiums in Seminar und Stift machte die Belastung für die Familie erträglich. Nach 1820 erlebte Württemberg den Anfang einer gesunden wirtschaftlichen Entwicklung; das Königreich bot seinen Bürgern zwar nicht üppige, aber doch solide Verdienstmöglichkeiten. Man konnte nun nicht nur den sozialen Aufstieg durch gediegene Schulbildung der Kinder weiter sichern, man war in pietistischen Kreisen auch zu dem Opfer bereit, auf die Mitwirkung eines Gliedes im Familienbetrieb zu verzichten und eine Ausbildung zum Lehrer, Missionar oder Pfarrer zu ermöglichen. Ein Onkel von Blumhardt war schon Präzeptor in Stuttgart, ein anderer Inspektor am Missionshaus in Basel, ein Bruder wurde dort zum Missionar ausgebildet. Der äußere Lebensweg von Blumhardt bis zum Pfarramt in Möttlingen ist aus diesen Gegebenheiten zu verstehen.

Die Familie befand sich also auf dem Weg zu einem Aufstieg, den man darin sah, nach einem Mehr an Bildung zu streben. Ziel war aber nicht eine Position im Staatsdienst, sondern ein Einsatz für die Sache Jesu. Der württembergische Staat am Anfang des 19. Jahrhunderts mit seinem Programm eines Fortschritts durch Heranbildung der sittlichen Persönlichkeit im Sinne der Philosophie Kants ergab gerade wegen dieses Programms für die in der Tradition des Pietismus stehenden Kreise kein Feld, auf dem man sich ohne weiteres niederlassen konnte. Die Einführung des Gesangbuchs im Jahr 1791 und vor allem die Liturgie im Jahr 1809 waren nicht vergessen; dieser Eingriff des Staates wurde als Unterdrückung oder mindestens Hemmung eines guten, blühenden religiösen Lebens betrachtet, als Überfremdung durch eine rationalistische Philosophie. Da im Taufformular der neuen Liturgie die Absage an den Teufel nicht mehr enthalten war, sah man in diesen vom Staat aufgezwungenen Stücken mit der »Abschaffung des Teufels« einen versteckten Schritt vielleicht sogar zur »Abschaffung Gottes« zugunsten einer Betonung bürgerlicher Tugenden und Pflichten. Als Beispiel für diese innere Distanz zum Staat sei auf die Gründung der pietistischen Kolonie Korntal im Jahr 1819 hingewiesen, wo in einem Akt von Toleranz und Nützlichkeitserwägung in einem auf dem Boden des Augsburger Glaubensbekenntnisses Freiheit für ein nicht vom Konsistorium gegängeltes kirchliches Leben gegeben wurde; allerdings ist zu beachten, daß das Maß der Distanz zum Staat, wie es in der Emigration nach Korntal zum Ausdruck kommt, nicht vom gesamten württembergischen Pietismus geteilt wird und daß durchaus auch Berührungspunkte vorhanden sind zwischen der Ethik der Staatsideologie und dem Ethos des bürgerlichen Pietismus. Bezeichnend für Blumhardt ist nun, daß er zeitlebens in Freundschaft verbunden blieb mit Wilhelm Hoffmann[9], dem Sohn des Gründers von Korntal und späteren preußischen Oberhofprediger, den er im Tübinger Stift kennengelernt hatte; Blumhardt galt als geistlicher Sohn des Hauses Hoffmann in Korntal.

Das theologische Studium in Tübingen vermittelte Blumhardt so wie vielen in seiner Generation keine ganz tiefen Erlebnisse; in seinem Lebenslauf erwähnt Blumhardt den brüderlichen Verkehr mit Freunden und den Segen, der ihm in dem Verein Christlicher Studierender zuteil wurde. Die an der Fakultät vorherrschende Richtung war in den zwanziger Jahren der Supranaturalismus der ersten Tübinger Schule, dieser Versuch, den alten vorkritischen Biblizismus mit der Philosophie Kants zu verbinden. Der Supranaturalismus ergab die Möglichkeit, diese Welt mit ihren Naturgesetzen, gleichzeitig aber auch die Wunder des Neuen Testaments ernst zu nehmen, denn Gott als der Herr über diese Welt kann die von ihm erlassenen Gesetze nach Belieben durchbrechen. Wenn Blumhardt gelegentlich davon redet[10], daß ihm alles Seltsame, Mysteriöse und Mystische fremd ist, er aber auch von der Existenz von Dämonen überzeugt ist, so entspricht dies der Theologie des Supranaturalismus. Eine Beeinflussung durch den Supranaturalismus bzw. Übereinstimmung damit ist auch bei anderen Theologen deutlich, die von dieser theologischen Richtung verschiedene Wege gehen; genannt sei der Tübinger Bibliothekar Immanuel Tafel[11], der Gustav Werner mit Swedenborg vertraut gemacht hat.

Die eigentliche Tradition, von der Blumhardt geprägt ist, ist aber die Erweckungsbewegung. In der Betonung der Notwendigkeit einer Erweckung aus dem Schlaf eines trägen, unbestimmten Christentums, in der Betonung der Bedeutung der Heilsgewißheit folgte Blumhardt in seinem Anfang den Predigten Ludwig Hofackers, und er teilte auch dessen abwertende Beurteilung des zeitgenössischen Wissenschaftsbetriebs, der Begeisterung für Philosophie und theologische Systeme. Theologie im eigentlichen Sinn ist für Blumhardt nur die Auslegung der biblischen Schriften; er will die dort niedergelegten göttlichen Offenbarungen verstehen lernen, so zu einem eigenen christlichen Leben kommen, damit er das in der Schrift angebotene Heil wiederum anderen verkündigen kann; grundsätzliche systematische Fragen interessieren ihn weniger. Er steht der aus der Philosophie Hegels sich entwickelnden spekulativen Theologie, wie sie David Friedrich Strauß[12] ausbildete, völlig ablehnend gegenüber. Es war für seine biblizistische Haltung unmöglich, den Wortlaut der Bibel zuerst als ungereimt, aber auch bedeutungslos zu entlarven und dann zu versuchen, eine nicht mehr durch mythische Vorstellungen getrübte, reine Idee der christlichen Religion zu bestimmen; das erschien Hofacker und Blumhardt als menschliche Hybris. In seinem Prüfungszeugnis[13] von der Zweiten Theologischen Dienstprüfung wird der zu Herzen gehende Charakter seiner Predigt in denselben Ausdrücken wie im Zeugnis von Ludwig Hofacker betont; der Erfolg des theologischen Studiums und die Kenntnisse in Philologie und Philosophie werden im Zeugnis für die Erste Theologische Dienstprüfung »im ganzen gut« bewertet.

Zur evangelischen Kirche im Königreich Württemberg hat Blumhardt nach seiner Herkunft ein ähnlich distanziertes Verhältnis wie zum Staat selber. Es erfolgt nie ein Ausbruchsversuch aus dieser Kirche, auch nach der Übersiedelung nach Bad Boll bleibt Blumhardt Pfarrer dieser Kirche, behält also sein Amt bei; er übernimmt in Bad Boll nur die Form des Dienstes, die ihm nach seinem in Möttlingen geschenkten Erlebnis zukommt. Blumhardt will keine Sonderkirche; Kirche ist ihm Gemeinschaft der von Gott angenommenen Sünder und der Hoffenden, zu der er selber und mit seinem Auftrag gehört. Aber wie schon die Schwäbischen Väter des 18. Jahrhunderts sieht er die Kirche immer wieder in der Gefahr des Abfalls und des Eintauchens in Zeitströmungen; als Aufgabe erkennt er es, seiner Kirche den Zugang zu einem nicht nur in äußeren Formen sich zeigenden christlichen Leben zu öffnen. Blumhardt liebt den Gottesdienst seiner Kirche; der sonntägliche Hauptgottesdienst ist aber nicht ausreichend, auch am Werktag soll das Leben von Andacht begleitet sein, einzelne Gruppen der Gemeinde sollen sich im Studium der Bibel und zur Information über die Fortschritte der Sache Jesu in der ganzen Welt zusammenfinden. Blumhardt machte als Pfarrer von Möttlingen Vorschläge für die Gestaltung des neuen Gesangbuches, das im Jahr 1842 eingeführt wurde und maßgeblich von Albert Knapp bestimmt war; er ließ sich von Bad Boll aus in den Jahren 1869 und 1874 in die 1. und 2. Landessynode wählen, einmal als Abgeordneter des Bezirks Brackenheim, dann als Abgeordneter des Bezirks Geislingen.

Daneben ist die Nähe zur Brüdergemeine deutlich. Die pietistische Predigerkonferenz in Stuttgart hatte ja mit Billigung von Ludwig Hofacker und Albert Knapp nach 1820 die vorher etwas abgerissene Verbindung zu Herrnhut wieder aufgenommen und war in einen Erfahrungsaustausch eingetreten. Im Gegensatz zur württembergischen Kirche hatte die Brüdergemeine sich nicht in eine Auseinandersetzung mit der Philosophie Kants und des Deutschen Idealismus begeben, dort herrschte kein Supranaturalismus, dort war noch ungebrochen die theologische Tradition des 18. Jahrhunderts vorhanden. Herrnhut konnte damit als eine Kirche gelten, die sich im Sinne der Erweckungsbewegung nicht auf eine Philosophie einließ und darauf neue theologische Systeme baute; Herrnhut verkörperte den geistigen Nährboden der Erweckungsbewegung. So holte Blumhardt sich geistliche Anregungen im Umkreis der Brüdergemeine; der Herrnhuter Diasporaarbeiter Johann Conrad Weiz gab Blumhardt den Anstoß, in Möttlingen sich der Gottliebin Dittus anzunehmen, während andere Freunde wie Barth[14] dem »Kampf« ohne Verständnis gegenüberstanden.

Am Verhältnis Blumhardts zu Bengel[15] ist dessen Verwurzelung im alten württembergischen Pietismus am besten ablesbar. Von Bengel stammt die Auffassung der Bibel als Gesamtverzeichnis, als Grundbuch, in dem alle für Glauben, Wissenschaft und Weltdeutung notwendig zu wissenden Ordnungen und Pläne Gottes niedergelegt sind; die Bibel ist das »Lagerbuch Gottes«. Blumhardt besaß Bengels »Gnomon« und nützte diesen »Fingerzeig« und Bengels »Evangelienharmonie« fleißig für seine Auslegung der Schrift während seines ganzen Lebens. Auf Bengel geht der Eifer zurück, in den wenigen vor dem Anbruch des neuen Äons noch zur Verfügung stehenden Jahren alle Kräfte für das hereinbrechende Reich Gottes einzusetzen. Im Sinn der von Bengel vertretenen Föderaltheologie unterscheidet Blumhardt zwischen alttestamentlicher Weissagung und den Worten der Offenbarung, die eine völlig neue Schöpfung mit ganz anderen Verhältnissen verheißen[16]. Allerdings betont Blumhardt auch[17], es sei falsch gewesen, ausschließlich auf das Jahr 1836 als Datum des von Bengel berechneten Anfangs eines neuen Äons zu starren und nichts anderes mehr zu sehen oder gar im Hinblick auf diese Veränderung nach dem Osten als der Stätte der Wiederkunft des Herrn auszuwandern. Blumhardt weist darauf hin, daß Tag und Stunde für das Kommen des Herrn nicht bekannt sind; deshalb müsse man alles in einem ordentlichen Gang halten und nichts Notwendiges unterlassen; dabei dürfe man sich jedoch nicht zu sehr in die Welthändel einlassen.

Das Wissen, in der Endzeit zu leben, die Hoffnung auf das Hereinbrechen des Reiches Gottes ist Blumhardt also aus seiner Tradition, aus dem Werk von Bengel zugeflossen. Ob allerdings schon vor dem Ende seines »Kampfes« in Möttlingen ihm der Gedanke des Reiches Gottes sich so konkret dargestellt hatte, wie dies im älteren Pietismus, bei Oetinger der Fall ist, mit dem Bezug nicht nur auf das Innerste des Menschen, sondern auch zum öffentlichen, politischen Leben, ist nicht mit Sicherheit zu sagen. Die »Weltgeschichte« und die »Missionsgeschichte«, die Blumhardt schreibt, zeigen aber, daß er im »Reich Gottes« wie die Christentumsgesellschaft und die Erweckungsbewegung den praktischen Aspekt sah, das durch Bürger- und Christeninitiative Machbare, daß er die Fortschritte bei der Ausbreitung des Christentums auf den Missionsfeldern und bei der Annäherung an das wirkliche Christentum durch ein erwecktes Leben in der Heimat, daß er die »Zeichen der Zeit« genau verfolgte. Vielleicht hat Johann Tobias Beck[18] später auch deshalb so scharf auf Blumhardts »Kampf« reagiert, weil er ihn in der Schar der »Reich-Gottes-Macher« angesiedelt sah.

Das Verhältnis Blumhardts zu Oetinger[19] ist differenzierter als das zu Bengel. Blumhardt erkennt in ihm einen bedeutenden Mann und Lehrer der Kirche und setzt ihn deutlich ab gegen den schwedischen Seher Swedenborg, dem die eigenen Visionen wichtiger sind als die Offenbarung der Schrift. Er weiß auch, daß man vor allem die Predigten Oetingers schätzte, daß aber nicht einmal die Gelehrten das hintergründige System Oetingers ganz verstanden[20]. Es ist bezeichnend, daß Ludwig Hofacker in ähnlich ehrfürchtiger Weise wie Blumhardt von Oetinger redet, aber dessen theologisches System ebenfalls nicht erwähnt. Ob Blumhardt bei der Ausbildung der Gewißheit vom Wirken übernatürlicher Kräfte in dieser Welt von Oetinger unmittelbar beeinflußt war, ist wenig wahrscheinlich; wenn Strukturen des eigentlichen Denkens von Oetinger noch lebendig waren, dann in der Wandlung zu ästhetischen Kategorien und in der Philosophie Schellings, zu der Blumhardt jedoch eben keinen Zutritt hatte[20a]. Es wird noch zu zeigen sein, wie Blumhardt durch seine Erlebnisse in Möttlingen, vielleicht ihm selber unbewußt, zum Realismus eines spekulativen Pietismus im Sinne Oetingers gefunden hat.

Nach dem Ende des theologischen Studiums wird Blumhardt zunächst von Herbst 1829 bis Herbst 1830 Vikar bei seinem einstigen Schöntaler Lehrer Kern in Dürrmenz; dann aber läßt er sich aus dem heimatlichen Kirchendienst beurlauben und von seinem Onkel als Lehrer an das Missionshaus nach Basel rufen. Die Gründe dafür lagen sicher nicht nur in der Befürchtung, die zu erwartende lange Vikarszeit finanziell nur schwer zu überstehen; zu Opfer und Beschränkung war Blumhardt bereit. Söhne pietistischer Familien aus Württemberg, die nicht wie Albert Knapp zur alten Ehrbarkeit gehörten und sich selbstverständlich dort in den Dienst der Kirche stellten, wo ihre Vorfahren schon gedient hatten, fanden am Anfang des 19. Jahrhunderts in der freieren Luft Basels eine Wirkungsstätte, die nicht von den Zwängen und vom Herkommen einer landeskirchlichen Ordnung eingeengt war. In Basel hatte der Pfarrer nicht wie in Württemberg einen guten Teil seiner Zeit mit dem Ausfüllen von Formularen und mit Schreibereien zuzubringen, über die auch Ludwig Hofacker bitterlich klagende Töne findet; in der freien Anstalt der Basler Mission war man nicht eingespannt in ein staatlich-kirchliches Behördenschema, dort war die Herkunft aus einer der alten Familien des Landes nicht fast unumgängliche Voraussetzung für eine Erweiterung des Arbeitskreises. Im Missionshaus in Basel stand man unmittelbar im Dienste der Sache Jesu, dort hörte man unmittelbar von den Fortschritten der Mission, dort war nicht eine gerade herrschende, mit Zeitphilosophie durchsetzte theologische Richtung Maßstab für Predigt und Lehre, dort war etwas vom Wehen des Geistes zu spüren; dort waren praktische und kaufmännische Vorkenntnisse, wie sie in Handwerkerfamilien wuchsen, gerne gesehene Gaben. Blumhardt hatte die Missionszöglinge auch in »Praktischen Fertigkeiten« zu unterrichten und betrachtete seinen Aufenthalt in Basel als gewinnbringend und segensreich. Der Weg nach Basel war für Blumhardt kein Umweg, sondern Entfaltung seiner Ausbildung zu einem Diener der Kirche Jesu Christi, die die ganze Welt umspannt; der Weg nach Basel war aber auch kein Ausweg, denn er kehrte ja dann in sein Württemberg zurück.

Daß Blumhardt in Basel eine innere Heimat fand, wird auch daran deutlich, daß seine Freunde und die Paten seiner Kinder vornehmlich aus diesem Kreis von Pfarrern stammen, die nach ihrer Zeit in Basel ein Leben lang treu einer Gemeinde dienten und nicht nach höheren Würden strebten; in Basel traf Blumhardt zum ersten Mal Dr. Barth, den Vorgänger auf seiner ersten ständigen Pfarrstelle in Möttlingen. Bezeichnend für diese Pfarrer ist es auch, bei der Ausschau nach einer Pfarrei an einen Ort zu streben, an dem schon vom Vorgänger her eine pietistisch-erweckliche Tradition besteht; Blumhardts Bewerbung um Möttlingen ist ein Beispiel dafür.

Im Umkreis von Basel fand Blumhardt auch seine Frau Doris geb. Köllner[21]. Deren Familie wirkte im Geist der Erweckungsbewegung und wohnte eine Zeitlang in Sitzenkirch. Der Vater Karl wollte ursprünglich Missionar werden, mußte aber aus finanziellen Gründen auf die Ausbildung verzichten und wurde Kaufmann; 1822 gründete er in Sitzenkirch ein Pensionat zur christlichen Erziehung von Judenkindern, dann für Mädchen; 1845 ging er nach Korntal, wo er Vorsteher der Rettungshäuser war. Der Großvater von Doris Köllner, Wilhelm, war Pfarrer in Hessen-Nassau gewesen und arbeitete im Ruhestand ab 1818 als Sekretär der Deutschen Christentumsgesellschaft und der Basler Erbauungsgesellschaft.

Daß Blumhardt nicht aus einer alten württembergischen Pfarrersfamilie stammt, wird auch an seinem Verhältnis zu seinem unmittelbaren Vorgesetzten und zu Kollegen der Möttlinger Zeit deutlich. Das Verhältnis zu Dekan Fischer[22] in Calw bleibt kühl, obwohl Fischer durchaus nicht gegen pietistische Frömmigkeit voreingenommen war; er ließ den jungen Gustav Werner in Calw predigen, er arbeitete mit im Vorstand der Rettungsanstalt in Stammheim bei Calw. Die Schreiben des Dekans an Pfarrer Sprenger[23] in Zavelstein, der sich wegen angeblicher Eingriffe Blumhardts in seine Gemeinde beschwerte, zeigen einen anderen Ton als die Schreiben an Blumhardt; dort reden trotz allem Unterschied in der amtlichen Stellung Leute gleicher Herkunft untereinander. Dem fünf Jahre jüngeren Calwer Diakonus Georgii[24] stand Blumhardt mit deutlicher Reserve gegenüber; dieser war Träger eines in Württemberg wohlklingenden Namens und wurde schließlich Prälat. Blumhardt aber wollte seinen vom Konsistorium angeforderten Bericht über die Vorgänge in Möttlingen offenkundig nicht durch die Hände dieses Mannes gehen lassen, der in den entscheidenden Tagen gerade den in Urlaub befindlichen Dekan vertrat. Auch im Verhältnis zu Albert Knapp blieb trotz der Freundschaft ein Rest, obwohl beide ja Pietisten waren und z. B. Interesse an der Vorbereitung der Neuausgabe des Württembergischen Gesangbuchs von 1842 hatten. Manche in Reime gebrachten Bibelstellen Blumhardts mögen in den Ohren des gewandten, eleganten Dichters Albert Knapp[25] wie barbarische und holprige Verse geklungen haben.

Als Bestandteil von Blumhardts Umwelt ist schließlich noch das Feld der Geisterkunde zu betrachten[26]. Seit seiner Jugend kannte Blumhardt das Werk von Jung-Stilling, der sich mit dem Leben nach dem Tod und mit der Lehre vom Hades beschäftigte. Gottlieb Wilhelm Hoffmann, der väterliche Freund in Korntal, heilte Besessene unter Anrufung des Namens Jesu-Jehova. Während seines Studiums in Tübingen interessierte Blumhardt sich für medizinische und naturwissenschaftliche Fragen; er hörte Vorlesungen bei Professor Eschenmayer, der auf den katholischen Geistlichen Johann Joseph Gassner aufmerksam machte, der in Ellwangen Teufelsaustreibungen vornahm. Im Jahr 1850 verfaßte Eschenmayer ein Gutachten, das Blumhardt besonders gegen die Angriffe von de Valenti verteidigen sollte und in dem er die Möttlinger Vorgänge im Sinn einer Geister- und Hadeslehre ausdeutete; Blumhardt lehnte das nicht erbetene Gutachten ab und verwendete es nicht. In Sitzenkirch erlebte Blumhardt den Basler Hellseher und Heiler Johann Jakob Wirz; in die Familie Köllner wurde Fanny Ehrmann aufgenommen, ebenfalls eine Hellseherin aus Basel; auch der Großvater Wilhelm Köllner hatte sich an einer Theorie zur Geisterkunde beteiligt. Im Missionshaus in Basel erlebte Blumhardt die Heilung eines besessenen Kindes durch Gebet; er selber glaubte sich vor dem Ausbruch einer Krankheit durch Gebet bewahrt[27]. Nach seiner Rückkehr aus Basel begegnete er schließlich dem Geisterseher Johannes Gommel, dem Sohn des Heimerdinger Bürgermeisters. So war Blumhardt bei vielen Gelegenheiten auf Heilungen aufmerksam geworden, die nicht nach den Gesetzen der medizinischen Wissenschaft vor sich gingen; er war bei vielen Gelegenheiten auf Kontakte mit der Geisterwelt gestoßen. Das Vorhandensein und das Wirken dämonischer Kräfte war für ihn so selbstverständlich, daß er sich den Bau der alten ägyptischen Pyramiden nur durch Mithilfe solcher übermenschlicher Mächte vorstellen konnte.

In der Spätromantik erregten übersinnliche Erscheinungen in Württemberg allgemein die Gemüter; als Beispiel sei verwiesen auf die Visionen der Gottliebin Kummer in Cleebronn über das Hereinbrechen des Gottesreiches, auf das Mädchen von Orlach und auf Kerners Beschäftigung mit der Seherin von Prevorst. Blumhardt stand aber über diese Modeerscheinungen[28] hinaus auch in der anderen schwäbischen Tradition; man kennt hier die Doppelschichtigkeit menschlichen Daseins, nicht nur Oetinger hat den Geistern abgeschiedener Seelen gepredigt; und man weiß auf der anderen Seite, daß man solche Verbindungen nicht suchen darf und daß höchstens im Kreis vertrauter Freunde, unter Betroffenen ein Wort darüber statthaft ist.

Blumhardt kommt im April 1837 aus Basel wieder nach Württemberg zurück; er lebt in den Anschauungen seiner Umwelt, der Erweckungsbewegung und gedenkt, seinen Dienst in der Heimat in diesem Sinne zu tun; Gott ist nicht eine ferne Größe, kein Denkschema, er rührt immer wieder in dieser Welt die Herzen der Menschen an. Die Worte der Bibel sind entgegen allen Philosophien in ihrem wörtlichen, realistischen Sinn anzunehmen; daraus ergibt sich aber kein toter Buchstabenglaube, sondern lebendiges christliches Leben und die Bereitschaft für die weltweite Sache Jesu sich einzusetzen. Der Weg durch Buße zur Gewißheit der Erlösung ist gleichzeitig Beschützung vor dem Verfallensein an Geister und Dämonen. Blumhardt bittet um eine seiner Gemeinde und der ganzen Kirche neu geschenkte Gnadenzeit[29].

Von April 1837 bis Sommer 1838 wurde Blumhardt zunächst noch einmal als unständiger Pfarrverweser nach Iptingen geschickt. Er fand dort keine leichte Aufgabe. Am Anfang des 19. Jahrhunderts war aus diesem Dorf Georg Rapp mit seiner Schar nach Amerika ausgewandert und hatte, nicht mehr bedrängt durch die in seinen Augen verweltlichte württembergische Kirche, in der neuen Welt die neue, seinen eigenen Anschauungen entsprechende kirchliche Gemeinschaft der Endzeit gegründet. Als landeskirchlicher Pfarrer mußte Blumhardt zuerst die Herzen für sein Wirken öffnen. Er hat diese Aufgabe gelöst und die Zuneigung und Liebe der Gemeinde gewonnen. Später berichtet er noch von dem »zarten Band«, das ihn mit der Gemeinde in Iptingen verbindet; schon in Dürrmenz bei seiner ersten Tätigkeit im heimatlichen Kirchendienst war ihm die »Süßigkeit des Seelsorgeberufs« aufgegangen[30]. Die Gabe Blumhardts, als Seelsorger Menschen zu helfen und anzusprechen, ist also auch vor dem Durchbruch in Möttlingen deutlich zu spüren.

Der Durchbruch. Blumhardts »Kampf« in Möttlingen

Im September 1838 trat Blumhardt im Alter von 33 Jahren seine erste ständige Pfarrstelle in Möttlingen an. Die Zeit in Möttlingen bedeutet die große Wende in seinem Leben; sein »Kampf« und der Sieg über die Dämonen lassen ihn erst zu dem werden, der heute noch lebendig ist.

Der Anfang war auf der einen Seite nicht allzu schwer: der Vorgänger hatte die Gemeinde »zu Tode gepredigt«, der Nachfolger war willkommen. Blumhardt begann seine Arbeit in der ihm gemäßen stillen Weise und widmete sich seiner Gemeinde. Im Dorf hatten sich trotz der Wirksamkeit von Pfarrer Barth volkstümliche Formen des Aberglaubens erhalten; man besprach das Vieh und wohl auch Menschen bei Krankheit, man hoffte, durch dunkle Zauberpraktiken sich Erfolge verschaffen zu können, man glaubte an das Vorhandensein und an das Einwirken von Geistern und Dämonen. Obwohl man selbstverständlich zur Kirche ging, war christlicher Sinn im Verstand Blumhardts noch lange nicht vorhanden; er mußte sich auch über Kirchenschlaf beklagen[31].

Blumhardts »Kampf« in Möttlingen meint die Heilung der damals in einer schweren seelischen Krise stehenden 28jährigen Gottliebin Dittus. Diese war in ihrer Jugend durch eine Tante mit Zaubereien in Berührung gekommen; aus ihrer Armut stiegen ihr Visionen von plötzlich vorhandenem Geld auf.

Blumhardts Bericht über die Heilung der Gottliebin Dittus, die »Krankheitsgeschichte«[32], teilt das Geschehen deutlich in zwei Teile. Als Blumhardt von den geisterhaften Erscheinungen in dem seit Februar 1840 von den verwaisten Geschwistern Dittus bewohnten Haus erfuhr, glaubte er zunächst an eine Spukgeschichte. Er stand dem hilflos gegenüber; sein Interesse war aber soweit geweckt, daß er sich zweimal, im April und September 1842, an den Fachmann auf diesem Gebiet, an den Weinsberger Oberamtsarzt Justinus Kerner wandte und ihn um Aufklärung bat[33]. Er war sogar mit einer Veröffentlichung seiner Berichte in Kerners Zeitschrift »Magikon« einverstanden, wenn nur der Hinweis auf Personen und Örtlichkeiten getilgt würde. Blumhardt übernimmt bei seiner vorläufigen Einordnung der ihm berichteten Vorgänge und Erscheinungen die damals gängige Erklärung: Geister Verstorbener wenden sich hilfesuchend an Lebende; diese Geister reden durch einzelne Personen, sind aber in ihrer Existenz unabhängig von der Existenz dieser Personen; sie wollen die Existenz ihres Mediums nicht antasten. Der Mensch jedoch ist diesen Geistern ausgesetzt in der Weise, daß sie ihm keine Ruhe lassen; Erweckung zu christlichem Sinn ist dringend notwendig, damit der Mensch selber nach dem Tod nicht als Geist umgehen muß. Blumhardt kann sich in seiner bisherigen Haltung bestätigt fühlen.

Eine solche Auffassung tritt im »Protokoll« der Untersuchung[34] zutage, die Blumhardt zusammen mit einigen vertrauenswürdigen Männern seiner Gemeinde Anfang Juni 1842 durchführte. Wenn wir dieses »Protokoll« aufmerksam durchlesen, erfahren wir, daß die lautesten Schläge dann in der Kammer fielen, wo Gottliebin Dittus lag, wenn die Untersuchungskommission sich nicht in der Kammer befand, sondern in der vorderen Stube versammelt war. Aus dieser Untersuchung geht nicht zwingend hervor, daß bei den Donnerlauten Geister im Spiel waren, wie es die spätere »Krankheitsgeschichte« annimmt; objektiv bewiesen wird nur, daß die »Schläge« nicht von mutwilligen Dritten verursacht wurden. Zu dem Schluß auf »Geister« kann man nach dem Wortlaut des Untersuchungsprotokolls eigentlich nur kommen, wenn man von deren Existenz von vornherein überzeugt ist. Einer allzu kritischen Prüfung hat Blumhardt die Ereignisse in dieser Vorphase des »Kampfes« nicht unterzogen.

Der zweite Teil setzt mit der von Blumhardt so bezeichneten Wende Ende Juni 1842 ein. Blumhardt erkennt jetzt, daß die Kranke von Dämonen gequält und in Besitz genommen ist; es wird ihm deutlich, daß es sich nicht um das Schicksal eines Dritten handelt, sondern unmittelbar um das Leben der Gottliebin, das nun aufs äußerste bedroht ist. Bei dieser Erkenntnis fühlt Blumhardt sich herausgefordert und gleichzeitig mit seiner ganzen Person und mit seinem geistlichen Auftrag in das Geschehen hineinverflochten. Wenn der Teufel so viel vermag, so wollen wir sehen, was Jesus vermag, das ruft er der Kranken zu; damit beginnt sein »Kampf«. Jetzt kann er keinen Zwischenbescheid mehr geben, er muß seine ganze Kraft zusammenhalten; erst wenn der Sieg erfochten und die Spannung gelöst ist, ist er innerlich in der Lage, auf Verlangen des Konsistoriums einen Bericht zu schreiben.

Wir stehen damit vor der schwierigsten, der zentralen Frage in der Biographie Blumhardts. Es geht darum, ob die Erscheinungen ausschließlich als Symptom einer Krankheit anzusehen sind; dann hätte Gottlieb Dittus Gedanken und Bilder, die ihr zum Teil von Blumhardt selbst zugeflossen waren, verarbeitet und in krankhaft-verzerrter Weise in ihren Anfällen reproduziert. Die Dämonen wären dann reine immanente Erscheinungen, eine Wiedergabe von Gedächtnisinhalten, die durch die Umwelt empfangen wurden. Hier ist vor allem an die sogenannten »Ferngesichte« zu denken, an das Geständnis der Dämonen, bei bestimmten Katastrophen beteiligt gewesen zu sein; und hinzuweisen ist auch darauf, daß der zuletzt ausfahrende Dämon das verkündigen mußte, was Blumhardt während seines »Kampfes« immer ersehnt und erbeten hatte, den Sieg Jesu. Das Geschehen wäre in diesem Fall nur für die unmittelbar Betroffenen, für die Kranke und deren Seelsorger oder Arzt, wichtig als Heilung von einer schweren Erkrankung.

Die andere, von Blumhardt in seiner »Krankheitsgeschichte« gegebene Erklärung ist, daß im Toben der Dämonen gleichsam der Vorhang von dem den normalen Augen sonst verborgenen Kampf zwischen Gott und dem Satan weggezogen wird, daß überweltliche Kräfte in einem konkreten irdischen Vorgang sich zeigen; die Verkündigung des Sieges Jesu wäre damit eine Kunde aus der Ewigkeit von dem seit je feststehenden, jetzt aber von der Hölle erneut erlittenen Sieg Gottes über die Finsternis; der »Kampf« hätte damit eine weit über ein individuelles Schicksal hinausgehende Bedeutung.

Wir können sehr wohl fragen, ob Blumhardt in seiner »Krankheitsgeschichte« grundsätzlich und scharf unterschieden hat zwischen dem, was er mit seinen eigenen Augen tatsächlich gesehen oder von anderen gehört hat; dabei ist z. B. an die Gegenstände zu denken, die, obwohl übergroß und mit scharfen Rändern versehen, aus dem Körper der Kranken heraustraten, ohne eine Wunde zu verursachen, obwohl dieser Körper durchaus nicht unverwundbar war. Die Haltung Blumhardts ist von einer bestimmten Zeit, von einer bestimmten Theologie und von einer bestimmten Gruppe geprägt. Wenn wir heute die Krankheit der Gottliebin Dittus medizinisch exakt als schwere hysterische Erkrankung diagnostizieren können und wenn wir bei einzelnen Erscheinungen ein gewisses Maß von Selbsttäuschung bei Blumhardt in Rechnung stellen wollen, dann ist aber damit über die Dämonen an sich überhaupt nichts gesagt. C. G. Jung weist darauf hin [35], daß dabei ein fremdes, objektiv vorhandenes Psychisches, das zunächst nicht zu bewältigen ist, von einem Menschen Besitz ergreift; diese Kraft mag dann mit einem medizinischen Fachausdruck oder mit einem der religiösen Sphäre zugeordneten Namen bezeichnet werden, das Vorhandensein dieser Kraft ist damit nicht erklärt, die Tendenz zur Zerstörung und die Notwendigkeit zur Überwindung ist in beiden Fällen gegeben. Statt einer »Erklärung« werden wir uns mit einem Hinweis und mit einigen Feststellungen begnügen müssen.

Wir sollten uns zuerst fragen, ob wir es nicht schon selber gespürt haben, daß nicht nur Menschen, sondern ganze Gruppen von einer uns unbegreiflichen Macht mit Beschlag belegt und in Besitz genommen sind. Von den »Dämonen« werden wohl Gedächtnisinhalte einer bestimmten Person verwendet und in Laute umgesetzt; aber wie soll eine einem Menschen innewohnende Kraft sich anders äußern als eben mit der »Sprache« dieses Menschen? So werden »Dämonen« in verschiedenen Zeiten und bei verschiedenen Menschen sich immer umweltbedingter Äußerungen bedienen.

Sodann müssen wir festhalten, daß der weitere Lebensweg von Blumhardt, sein Wirken und seine Nachwirkung nicht zu verstehen sind, wenn wir den »Kampf« in Möttlingen uns als Ausgeburt der Phantasie und einer krankhaften Einbildung betrachten. Wir werden diese Ereignisse letzten Endes nicht deuten können, aber wir müssen nach ihrer Bedeutung für Blumhardt fragen und sie damit ernst nehmen.

Wenn Blumhardt in späteren Jahren Fragen über das Totenreich oder über die Geisterwelt vorgelegt bekam und beantworten sollte, so tat er dies stets in der Weise, daß er einzelne Bibelstellen anführte und erläuterte, aber nichts über seine eigenen Erlebnisse sagte. Einmal faßt er seinen »Kampf« in Möttlingen in die Worte zusammen [36]: »Ich hatte nämlich einen langen Glaubenskampf für eine Gebundene, die gelöst werden mußte, wie es nun dem

Seelsorger, an den sie sich hielt, gelingen mochte.« Einem Pfarrer, der ihn schriftlich fragte, wie man sich den Hergang denken solle, wenn Hunderte von Dämonen auf ein Mal ausfuhren, schrieb Blumhardt unwirsch[37]: »Der Leser braucht sich den Hergang nicht zu denken, denn ich schrieb nicht für das lesende Publikum.« Blumhardt versteht sich nicht als ein Mann, der aus seinen Erfahrungen heraus neue Aufschlüsse über das Wesen und Wirken der Dämonen liefern kann, er weiß, daß es sich bei der Heilung um ein Geschehen handelt, das er als Seelsorger der Kranken vermitteln durfte, und daß das Ergebnis des »Kampfes« zunächst ein Geheimnis ist, das ihm persönlich anvertraut wurde, das aber in seinen Konsequenzen bis zu kosmischen Zusammenhängen reicht. Blumhardt kann und darf den von ihm erlebten, von den Dämonen verkündigten Sieg Jesu nicht vergessen, aber er wird den Vorgang der ihm zuteil gewordenen Offenbarung immer vor dem Zugriff Neugieriger schützen; gerade weil das Geschehen für ihn den Charakter einer Offenbarung hat, kann er es selbst nicht erklären. Im übrigen ist er sich völlig im klaren darüber[38], daß die Leute durch Wundergeschichten nicht zur Umkehr »von ihrem ungläubigen und ungöttlichen Wesen« gebracht werden.

Blumhardt hat es bei seinem »Kampf« erlebt, daß die im Sinne des Supranaturalismus bestehende Schranke zwischen dieser Welt mit ihren Naturgesetzen und der wunderbaren Welt Gottes durchbrochen wird. Dieses Schlüsselerlebnis versetzt ihn gleichsam in die Welt Jesu, der ebenfalls körperlich und seelisch Kranke heilt und Dämonen austreibt; es wird für ihn zum Auftrag, den Inhalt dieser Offenbarung zu verkünden. Das ist die Berufung Blumhardts. Wenn aber vom Sieg Jesu zu reden ist, dann ist als dunkler Hintergrund auch der Besiegte zu nennen. Wichtig für die Art Blumhardts ist dabei auch, daß ihm diese Erkenntnis nicht durch intensive Denkarbeit zuteil wurde, sondern durch ein konkretes Erlebnis in der Praxis seines Amtes.

Bei einer Würdigung Blumhardts muß aus allen diesen Gründen zwar auf dessen »Kampf« in Möttlingen an zentraler Stelle hingewiesen werden; es würde aber nicht der Bedeutung entsprechen, die dieser »Kampf« für Blumhardt hat, wenn die Leiden der Kranken und die Einzelheiten von den Plagen und vom Ausfahren der Dämonen dargestellt und »erzählt« oder psychologisch »erklärt« werden würden. Die Blumhardt zuteil gewordene Offenbarung ist so persönlich und damit auch wieder so ausschließlich an ihn und an seine Zeit und Umwelt gebunden, daß sie sich einer historischen Darstellung entzieht; wir können nur von einem klassischen Beispiel einer Glaubensheilung sprechen. Auf dieser Grundlage ist es dann zu verstehen, daß Blumhardt seinen ihm vom Konsistorium abverlangten Bericht als vertrauliche Mitteilung betrachtete, die man wie ein sehr persönliches Bekenntnis einem Freund ans Herz legt[39]. Er war mit Recht empört darüber, daß von seiner »Krankheitsgeschichte« unrechtmäßigerweise Abschriften angefertigt und verteilt wurden. Nur als Richtigstellung für die durch diesen Vertrauensbruch im Lande kursierenden Gerüchte hat er dann im Jahr 1850 die zweite Fassung der »Krankheitsgeschichte« geschrieben, die allein erhalten ist.

Der Durchbruch, den der »Kampf« für Blumhardt bedeutet, läßt sich an der in Möttlingen sich daran anschließenden Erweckungsbewegung[40] und an der Entwicklung der Seelsorgepraxis von Blumhardt zeigen. Diese Erweckung verläuft durchaus in den üblichen Formen; die Gewissen sind wach geworden, auf das Bekenntnis der Sünde und die Buße folgt die Absolution, die zu einem vielfältigen religiösen Leben führt; der Kirchenschlaf ist überwunden. Blumhardt muß versuchen, die Bewegung zu »kanalisieren«, indem er Gruppen innerhalb seiner Gemeinde bildet, die in gewisser eigener Verantwortung stehen. Die Enge der Maßstäbe, die Blumhardt bei der Beurteilung von Sünden anlegt, muß zunächst befremden. Hier wird deutlich, daß Blumhardt sein Berufungserlebnis zuerst verarbeiten muß; erst allmählich findet er zu einer Weite, die ihn zu dem großen Seelsorger macht, dessen Rat und Hilfe von vielen gesucht wird. Wenn er zu seinem eigentlichen Auftrag gefunden hat, wird er zwar immer noch Sünde nennen, was in seinen Augen Sünde ist; er weiß aber jetzt, daß Gott zwar der Sünde feind, dem Sünder aber gnädig ist. In diesem Wissen verzichtet er dann darauf, durch konkrete Ratschläge die zu ihm Kommenden in ihrer Freiheit einzuengen und festzulegen. Wir können sagen, daß in Blumhardt beides sich darstellt: die von einer bestimmten Gruppe geprägte Grundeinstellung und die Erfahrung von einer weit über zeitbedingte Prägungen hinausführenden Zuwendung Gottes. Diese Zuwendung gilt immer einem Menschen in einer bestimmten historischen Situation, aus der der Mensch nicht herausgelöst wird, die er aber überwinden darf; nur weil Blumhardt selber so sehr von seiner Umwelt geprägt war, aber auch das Lösende erfahren hatte, kann er zum wirklichen Seelsorger, zum Begleiter werden.

Die Praxis von Blumhardts Seelsorge ist wohl am schönsten zu sehen an einem Brief vom Sommer 1848, in dem Klara Mörike über einen Besuch mit ihrem Bruder Eduard in Möttlingen berichtet[41]:

»Zwei Tage blieben wir dort. Eduard meinte anfangs, ob ihm Blumhardt nicht durch Magnetisieren helfen könne. Allein, derselbe erklärte ihm, daß er dies nie getan, daß er keine magnetische Kräfte in sich hege, und diese ganze

Behandlungsweise unter allen Umständen für schädlich und verwerflich halte. Die von ihm ausgehende Wirkung, welche er gar nicht verleugne, sei ganz anderer Art. – Sie saßen stundenweis bald oben in Blumhardts Zimmer, bald im Garten. Blumhardt erzählte und ließ ihn tiefe Einblicke in seine ganze Anschauungsweise, inneres Leben und Wirksamkeit tun. Als ihn der Freund dann unter dem schönsten Sternenhimmel durch die öffentlichen Straßen in sein Quartier begleitete, sagte Eduard ihm, er fühle sich auf eine auffallende Art gekräftigt. Der andere lächelte nur, als hielte er es nicht für ungewöhnlich: Es sei eben etwas in der besonderen Möttlinger Luft ...«

Blumhardt will nicht an sich binden oder sich in den Mittelpunkt stellen, er will immer nur hinweisen auf die Kraft, die er selber erfahren hat und die auch von dem bei ihm Hilfe Suchenden zu erfahren ist.

Wie weit Blumhardt über die Anschauungen der Erweckungsbewegung hinauswächst, wird weiterhin an einer seiner Morgenandachten aus dem Jahr 1862 deutlich[42]:

»Die Vorstellung, als müsse man bei der Bekehrung gleichsam bis in die Hölle versenkt werden, und Tage lang bitterlich weinen und jammern, eine Vorstellung, die schon darum erschrecklich verkehrt ist, weil sie alle Wirkungen der Taufe, alle bei dieser gegebenen Zusagen, alle bisherigen Gnadenleitungen des Heiligen Geistes, die bei Getauften, besonders wenn sorgfältige Erziehung dazu kommt, nie ganz ausbleiben können, geradezu zu einer Null macht, – diese Vorstellung, sage ich, hat schon vielen Schaden gebracht, viele Seelen irre geführt und in beständiger Selbstqual bis zum Wahnsinn erhalten, weil sie meinten, immer noch nicht die rechte Buße getan zu haben, und gar nicht wußten, wie sie doch auch die Ströme von Bußtränen aus den Augen pressen sollten, hat auch andere, denen es gelungen schien, entweder zu Heuchlern gemacht oder erst recht in eine ungöttliche Sicherheit hineingebannt« (MA, S. 361).

Blumhardt drängt also nicht mehr auf Bekehrung, weil er um die täglich neu geschenkte Erlösung und Erneuerung weiß.

Auf den Gesamtinhalt der Verkündigung Blumhardts, das kommende Reich Gottes, soll hier nur hingewiesen werden; darauf muß noch genauer eingegangen werden.

Das Reifen Blumhardts und damit ebenfalls die Wirkung seines »Kampfes« ist auch im folgenden äußeren Geschehen sichtbar[43]. Pietistische Kollegen warnen ihn vor Überheblichkeit. Kollegen aus Nachbarpfarreien beschweren sich über ihn, weil er, von Gliedern ihrer Gemeinden um Rat und Hilfe angegangen, sich bei seiner Tätigkeit nicht an die Grenzen seiner Parochie hält. Das Konsistorium leitet eine Untersuchung ein und erteilt ihm einen Verweis; er muß sich genau an die bei Beichte und Absolution und bei Privatversammlungen gültigen Vorschriften halten und darf nicht auch nur andeutungsweise von der Konsultation eines Arztes abraten, was er im übrigen noch nie getan hatte[44]. Sein einstiger Freund, der Arzt, Theologe, Psychotherapeut und Psychologe de Valenti in Basel greift ihn hart an und denunziert ihn noch einmal beim Konsistorium in Stuttgart[45]. Johann Tobias Beck, jetzt Professor in Tübingen, mit Blumhardt bekannt aus der gemeinsamen Zeit in Basel, erzählt in Pfarrerskreisen von der Unfähigkeit Blumhardts, die Vorgänge in Möttlingen zu beurteilen[46]. Wahrscheinlich war auch Beck derjenige, der mindestens Auszüge aus der ersten Fassung der »Krankheitsgeschichte« an Bekannte weitergegeben und der damit die von Blumhardt erbetene Geheimhaltung durchbrochen hat; als Mitglied der vom Konsistorium zur Untersuchung der Vorgänge in Möttlingen eingesetzten Kommission hatte er natürlich Einsicht in die Akten. Vielleicht hängt diese Abneigung Becks gegenüber Blumhardt mit dessen Abneigung gegen die »Reich-Gottes-Macherei« zusammen, die er in seiner berühmten Rede beim Missionsfest in Basel im Jahr 1837 angegriffen hatte und die zum Zerwürfnis des Pietisten Beck mit der Basler Mission führte. Zu diesen Angriffen und Verleumdungen von seiten einstiger Freunde und Pfarrer kommen die Angriffe der liberalen Presse, die den Wundertäter von Möttlingen und die wundersuchenden Bauern verspottet, die zu ihm pilgern[47]. Bei diesen Auseinandersetzungen ist der Streit um die spekulative Theologie zu bedenken, der seit dem Erscheinen des »Lebens Jesu« von David Friedrich Strauß im Jahr 1835 in Württemberg ausgefochten wurde und gerade im Jahr 1844 einen neuen Höhepunkt erreichte in der Tübinger Antrittsvorlesung von Friedrich Theodor Vischer[48], der als Kompromotionale von Strauß und als Hegelianer dem Pietismus Haß und Kampf versprach. In dieser erregten Atmosphäre demonstrierte nun Blumhardt, so mußte es scheinen, die Kraft der alten Religion, die in den Augen der Strauß und Vischer überholt war.

Blumhardt trägt zwar schwer an allen diesen Schwierigkeiten, aber er zerbricht nicht an ihnen; er kann weiterhin seine wachsende Arbeit tun und in einer umfangreichen Verteidigungsschrift sich gegen de Valenti zur Wehr setzen. Er klagt bis an das Ende seines Lebens zwar über die Abwendung der »Brüderwelt«, der pietistischen Kreise von ihm, läßt sich aber in seinem als richtig erkannten Weg nicht irre machen[49].

36

Ein weiteres Zeichen für das Gewicht, das Blumhardt in seiner Zeit nach seinem »Kampf« zufiel, ist die Haltung des Königs. Zu Anfang der Möttlinger Zeit hatte er es noch abgelehnt, Blumhardt auf Grund seiner Vorschläge für das neu zu bearbeitende Gesangbuch in die dafür bestimmte Kommission zu berufen. Nach dem unmittelbaren Ende des »Kampfes« ließ er den Wirrkopf durch das Konsistorium zur Ordnung rufen. Dann aber empfing er im Jahr 1850 Blumhardt in Audienz und bat den berühmt Gewordenen, Rufe auf Pfarrstellen außerhalb Württembergs, die an ihn ergangen waren, abzulehnen und sich seinem Vaterland zu erhalten[50].

Die Lösung von herkömmlichen Vorstellungen seiner Umwelt kann schließlich noch an Blumhardts Haltung in den Jahren der Revolution 1848/1849 gezeigt werden[51]. Während der Pietismus im allgemeinen sich unter der Führung von Kapff zur Unterstützung der konservativen Politik des Königs entschloß, hielt Blumhardt sich von dieser Richtung fern. Er war zwar nicht bereit, sich der Wahl zum Abgeordneten der Frankfurter Paulskirche zu stellen, da er keinen Eid auf eine Verfassung leisten wollte; sein neues Wissen vom Kommen des Reiches Gottes versagte es ihm aber, an alten Formen festzuhalten und dafür zu kämpfen. Blumhardt steht damit deutlich auf der Seite der wenigen, der spekulativen Strömung des Pietismus angehörenden und deshalb eine neue Zeit mit neuen Aufgaben bejahenden Männer wie Gustav Werner[52].

Zur inneren Befreiung Blumhardts kommt noch die äußere. Im Jahr 1852 konnte er mit Hilfe seiner Freunde das bis dahin königliche Bad Boll erwerben. Damit ist der Rahmen gegeben für die neue, endgültig in die Weite zielende Arbeit und Verkündigung Blumhardts. Er lebte und wirkte in seinem Bad Boll bis zu seinem Tod am 25. Februar 1880.

Die Verkündigung Blumhardts

Blumhardt lebt ganz in der Welt des Neuen Testaments; bis in seinen mehr erzählenden Stil ist er geprägt von den Berichten der synoptischen Evangelien, er ist ganz dem Erleben zugewandt, die eher bohrende Dialektik und Reflexion eines Paulus liegt ihm fern. Es ist sicher nicht zufällig, daß er in seinen »Blättern aus Bad Boll« das Matthäus-Evangelium fortlaufend auslegte und anschließend an das Lukas-Evangelium ging[53]. Mit seinem »Kampf« war er nun auch existentiell hineingenommen in diese Welt.

In den synoptischen Berichten vom Wirken Jesu heißt es Matth. 12,28: »Wenn ich aber die bösen Geister durch den Geist Gottes austreibe, so ist das Reich Gottes zu euch gekommen!« Die Austreibung der Dämonen durch Jesus bedeutet also ausdrücklich und unmittelbar das Hereinbrechen des Gottesreiches. Nach seiner theologischen Haltung konnte Blumhardt eine solche Stelle wörtlich und ernst nehmen.

In seiner Auslegung von Matth. 12,28 schreibt Blumhardt von der großen Bedeutung, die dieser Stelle zukommt[54]: »Durch Ihn und Seine Macht, an den Besessenen bewiesen, wird dem Reich der Finsternis ein Ende gemacht.« Damit ist der Fürst dieser Welt tatsächlich überwunden, der seit Uranfang bestehende Plan Gottes ist verwirklicht. »Daß Jesus siegt, bleibt ewig ausgemacht«, weil dies immer schon so festgesetzt war, und so wird es jetzt offenbar. Die entscheidende Aussage Blumhardts lautet: »Und nahe, wenn Satans Reich untergeht, muß Gottes Reich sein.« Auf dieses »Muß« wird Blumhardt immer wieder pochen, daran hängt seine Berufung und seine Verkündigung. Wenn der Satan jetzt auch noch viel Macht zu besitzen scheint, so nur deshalb, weil von den Gläubigen der Sieg Jesu »nicht benützt« wird. Blumhardt aber hat bei seinem »Kampf« es gewagt, sich an die Seite Jesu zu stellen und wie er der Versuchung durch Beten und Fasten zu widerstehen; in dieser Haltung konnte er den Sieg Jesu in seinem »Kampf« nachvollziehen lassen; so wie Jesus der Sieg vom Vater »dargereicht« wird, geschieht es auch ihm. Und deshalb kann er die Betrachtung von Matth. 12,28 abschließen mit einem Hinweis darauf, daß Gott sein wird alles in allem (1. Kor. 15, 23–28).

Auch in seiner Verteidigungsschrift gegen de Valenti[55] weist Blumhardt in demselben Sinn auf Matth. 12,28 hin, und Eschenmayer wiederholt in seinem Gutachten[56] diesen Hinweis.

Damit kann in etwa noch einmal und zusammenfassend das Ergebnis des »Kampfes« für Blumhardt umschrieben werden. Im Weichen der Dämonen muß er nach der in der Schrift gegebenen Anweisung Gottes ein Wiederaufleben der neutestamentlichen Heils- und Gnadenzeit sehen; der im Pietismus erhoffte und berechnete Anbruch der Königsherrschaft Gottes steht eindeutig in Kürze bevor; ihm aber wurde das Zeichen zuteil. Es ist bezeichnend, daß der letzte der ausfahrenden Dämonen den Sieg Jesu in den werdenden Morgen hinein so laut verkünden mußte, daß es das halbe Dorf hörte[57]; was in diesem Augenblick geschah, hatte Bedeutung für die ganze Welt und für den ganzen Kosmos, es war nicht auf ein Krankenzimmer beschränkt. Das Ereignis wird als »Sieg Jesu« kundgemacht, nicht als Sieg des Christus, wie es wohl theologisch zu erwarten wäre; die Sprache Herrnhuts und der Erweckungsbewegung ist durchgehalten.

Man kann die Gewißheit Blumhardts auch so umschreiben, daß er sich versetzt fühlt in die Zeit Jesu; er durchlebt damit gleichsam noch einmal die Epochen der werdenden christlichen Gemeinde. Unmittelbar im Anschluß an seinen »Kampf« schrieb er im Jahr 1844[58]: »Ich erwarte noch eine Ausgießung des Heiligen Geistes. Diese muß kommen, wenn es mit unserer Christenheit anders werden soll. Ich spüre es, so ärmlich darf's nicht fortgehen.« Bei einer Betrachtung über die Wunder Jesu macht er deutlich, daß die Gnadenzeit nicht auf die Urchristenheit beschränkt ist[59]: »So setzte sich die Wunderzeit nach Christus fort, vermittelst des heiligen Geistes.« In seinen seelsorgerlichen Gesprächen stellte sich immer wieder eine Lösung und Befreiung ein, deshalb wurde es ihm deutlich[60]: »Wenn wir mit ihm leiden, so werden wir auch mit ihm auferstehen.« Das Leben Jesu, Karfreitag, Ostern, Pfingsten, das Reich Gottes zwar noch verdeckt, jedoch trotzdem »mitten unter uns«[61] und sich ausbreitend, das Warten auf den Herrn, aber auch die Verzögerung der Parusie, das alles, als Hoffnung und als Problem, bestimmt das Denken Blumhardts nach seinem »Kampf«.

Zunächst muß aber noch Blumhardts Verkündigung des Reiches Gottes etwas genauer erfaßt werden. Die Erlösung von dunklen Kräften gilt nicht nur einem einzelnen, Jesus erscheint ihm als der »Weltheiland[62]«: »Endlich wird die Barmherzigkeit durchbrechen und die rechte Hand des Höchsten alles ändern.« Diese Hoffnung gilt nicht den Braven und Frommen allein, sondern ausdrücklich der Welt, »welche die Braven oft so gar weit von sich wegstoßen«[63]: »Die Seelen, die aus großer Trübsal kommen, auch die von Ninive, Sodom und anderen, können nicht ewig verlassen sein, weil das mit dem Charakter Jesu als eines Weltheilands nicht übereinstimmte.« Am bekanntesten sind diese Aussagen aus Blumhardts Lied[64]: »Daß Jesus siegt, bleibt ewig ausgemacht, sein wird die ganze Welt ... So wird zuletzt aus allen Ketten der Herr die Kreatur erretten ... Ja, Jesus siegt.« Blumhardt hat es erfahren, daß Gott nicht nur im Raum der Kirche, etwa beim Abendmahl gegenwärtig ist und wirkt, sondern auch in der Krankenstube eines ärmlichen Hauses in einem Dorf, daß Gott nicht nur seelisch oder gar geistlich hilft, sondern körperlich. Reich Gottes heißt für Blumhardt, daß der aus Leib und Seele bestehende, mit seinem Körper den Elementen dieser Welt verhaftete und in die Gesetze dieser Welt eingespannte Mensch, daß die Umwelt des Menschen, die belebte und unbelebte Natur, Tiere, Pflanzen, Steine, aber auch Gestirne und andere Welten einbezogen sind in den Heilswillen Gottes, daß die Erlösung die gesamte Schöpfung meint. Die Bußpredigt der Erweckungsbewegung und die ängstliche Absonderung von allem Weltläufigen ist damit weit überwunden. Man hat schon von einer gewissen Engführung besonders der protestantischen Theologie seit der Reformation gesprochen[65], von einer zu starken Betonung der Rechtfertigung und Bemühung um die Rechtfertigung des einzelnen; Luthers sehr persönlicher Kampf habe die Theologie der folgenden Zeit einseitig werden lassen. Blumhardt überwindet diese Engführung, er nimmt beide Teile des evangelischen Wortes ernst[66]: »Tut Buße, denn das Himmelreich ist nahe herbeigekommen.« Blumhardt ist deshalb als Vorläufer einer »Theologie der Hoffnung« zu nennen, die nicht nur die einzelne Seele und ihren Gott, sondern auch gesellschaftliche Bezüge bedenken und im Hinblick auf den fortwährend wirkenden Schöpferwillen Gottes das Gewordene nicht als unabänderliche Konstante und Richtschnur betrachten will.

Nun ist aber Folgendes zu beachten. Blumhardt hat in Möttlingen keine Vision vom Leben im himmlischen Jerusalem empfangen, sondern den Sieg Jesu, die Kraft Gottes erfahren. Er kann deshalb kein doch an den gegenwärtigen Verhältnissen orientiertes Idealbild vom zukünftigen Zustand der Menschheit geben. Das Reich Gottes ist Motivation für das Handeln, eine inhaltliche Fixierung unterbleibt[67]. Blumhardt hat in Möttlingen auch keine Probe von der Wirksamkeit einer dem Menschen innewohnenden Kraft, sondern wiederum den Sieg Jesu, die Kraft Gottes erfahren. Es ist der Herr, der die Ketten der Kreatur zerbrechen wird; es handelt sich um den Sieg Jesu, nicht um den Sieg menschlicher Fähigkeiten oder Gedanken. Damit vermeidet Blumhardt eine dogmatische oder ideologische Festschreibung eines unter allen Umständen, auch unter Opfern und unter Beseitigung von Abweichlern zu erreichenden Zieles in einer Entwicklung der Menschheit. Es gibt bei Blumhardt keine vorausberechenbare einheitliche Entwicklung, es gibt nur den bis zum Ende dieser Welt immer wieder notwendig werdenden, aber siegreich zu überstehenden Kampf mit den Dämonen.

Die Verkündigung des Reiches Gottes bei Blumhardt unterscheidet sich also deutlich von allen aus der rechten und linken Schule Hegels kommenden philosophischen und soziologischen Systemen. Blumhardt bildet die biblizistische Variante zum Entwicklungsgedanken der spekulativen Philosophie; er redet vom Kommen des Herrn, nicht von einer Veränderung der Verhältnisse. Das unsystematische, ganz von Gott als der einzigen Quelle alles Lebens und aller Kraft ausgehende Denken Blumhardts ist am deutlichsten zu sehen beim

theologischen und philosophischen Satz von der Wiederbringung aller Dinge.
David Friedrich Strauß hat seine Dissertation über dieses Thema geschrieben[68], Blumhardt mußte sich bei der Ersten Theologischen Dienstprüfung in einer Klausurarbeit damit beschäftigen[69]. Während Strauß, ausgehend von Hegel, in dem Gedanken von der Wiederbringung das eigentliche Ziel der Geschichte, die Einheit von Gottheit und Menschheit in der ganz ins Bewußtsein getretenen Idee der Vernunft sieht, beschränkt Blumhardt sich darauf, vorgegebene Bibelstellen auszulegen; er hütet sich, irgend ein System, eine Lehraussage zu entwickeln, nicht nur, weil er weiß, daß diese Lehre von der Kirche abgelehnt wird, sondern sehr offenkundig aus grundsätzlichen Erwägungen: die Ausssagen der Schrift lassen es erkennen, daß Gott als der »Weltheiland« die Errettung aller will, das Wie bleibt aber Gottes Geheimnis. So wie Blumhardt den Sieg über die Dämonen nicht erklären, sondern nur erleben konnte, so will er darauf vertrauen, daß Gott seine Pläne bis zum Ende durchführt, und gibt die gedankliche Unvereinbarkeit zwischen der Macht des Bösen, der notwendigen Strafe für die Abgefallenen und der Allmacht Gottes getrost Gott anheim. In ähnlicher Weise äußert Blumhardt sich in der Verteidigungsschrift gegen de Valenti, der ihn auf die angeblich von ihm vertretene Lehre von der Wiederbringung aller Dinge festnageln und damit als Ketzer bloßstellen will[70]. Wenn Blumhardt bei solchen Gelegenheiten des öfteren auch die Bekenntnisschriften der lutherischen Kirche zitiert, sollte man daraus nicht ein Luthertum Blumhardts ableiten; die Zustimmung zu den Bekenntnissen der Kirche kann bei Blumhardt nur ein Festhalten an dem durch die Bekenntnisse verdeutlichten, nicht durch menschliche Philosophie überfremdeten Wort der Schrift bedeuten.

Blumhardt entzieht sich letzten Endes ebenfalls dem Versuch einer Einordnung seiner Verkündigung des Reiches Gottes in einen ausgesprochenen Chiliasmus. Er kennt natürlich die einschlägigen Bibelstellen und die Schriften der Väter; in seinen Aussagen bleibt er aber merkwürdig schwebend. Es ist deutlich: er will sich auf keine Lehre hinsichtlich der Letzten Dinge festlegen, er will keine Schule bilden, er muß nur den von ihm erlebten Sieg der Kraft Gottes weitersagen. Auch als Theologe bleibt Blumhardt der die Offenbarung Gottes ernst und wörtlich nehmende, Gott vertrauende Mensch.

Wie sehr Blumhardt durch seinen biblischen Realismus und Universalismus sich dem Denken der pietistischen Schwabenväter des 18. Jahrhunderts angenähert hat, ist ihm vielleicht selbst nicht ganz bewußt gewesen. Wie Oetinger treibt er wahrhaftig eine Theologie, die aus der Idee des Lebens abgeleitet ist; auch bei ihm ist ja diese Welt offen für das Einströmen der Kräfte Gottes, sie werden im Menschen und in der Natur wirksam; angeleitet durch die Offenbarung Gottes in der Schrift ist in dieser Welt das Wirken Gottes zu erkennen. Oetinger redet davon, daß Republiken, Gemeinschaften von Männern, die in der Öffentlichkeit tätig sind, und Universitäten jetzt schon nach den Gesetzen der »Güldenen Zeit« sich richten sollen, seine Rede hat eine politische Komponente; Blumhardt kennt, wie schon dargestellt, durchaus diesen Bezug des Reiches Gottes zur »Welt«. Bezeichnend wiederum für Blumhardt ist es aber, daß er dieses Wissen nicht wie Oetinger in ein reflektiertes System gebracht hat, daß er nicht in kabbalistischem Stil von den Ausflüssen Gottes redet oder von einem Sensus communis. Wenn nun im einzelnen Äußerungen Blumhardts eine gewisse Nähe zu Aussagen in der Philosophie Hegels oder Schellings bestehen mag, so ist diese Erscheinung auf dieselbe Tradition zurückzuführen, in der Blumhardt und schließlich auch Hegel und Schelling stehen, auf den spekulativen Pietismus des 18. Jahrhunderts. Zu beachten ist allerdings auch, daß die von Blumhardt aus dem 18. Jahrhundert übernommenen Realaussagen über die Pläne Gottes und deren Verwirklichung im naturwissenschaftlich werdenden, in einem unmittelbaren Realitätsbezug stehenden 19. Jahrhundert einen anderen Klang bekommen müssen, als sie ihn früher hatten.

Auf dem Hintergrund von Blumhardts Verkündigung des Reiches Gottes ist die Weite seiner Haltung zu verstehen, die in seiner praktischen Arbeit in Bad Boll sich zeigt. Als Seelsorger kümmert er sich nicht nur um das ewige Heil seiner Gäste, sondern auch um Dinge des täglichen Lebens; er ist Therapeut im neutestamentlichen Sinn dieses Wortes, er geht nicht, ausgestattet mit »technischem Wissen«, Erkrankungen der Psyche an, sondern sagt das Heil an, das von Gott kommt, und kann deshalb heilen. Er betrachtet eine Krankheit nie als eine auf bestimmte Teile des Menschen lokalisierte Erscheinung, sondern sieht stets den ganzen Menschen; darin liegt das Geheimnis und die Begrenzung der Heilungen Blumhardts. Sein lauteres Wort erreicht alle, die zu ihm kommen, gleichgültig, zu welcher sozialen Schicht sie gehören. Blumhardt redet einfacher, als z. B. Oetinger es tun konnte, und wird deshalb verstanden. Er ist ein begehrter Festredner, er wird zum Schriftsteller und Publizisten. Er hat einen offenen Zugang zur Welt, er weiß, in den rechten Grenzen, Behaglichkeit zu schätzen und zu genießen. Die Welt der Musik, selbst des Theaters ist ihm nicht verschlossen. Keinem aber wird er die Türe weisen, auch einem David Friedrich Strauß bewahrt er ein mitfühlendes Herz, ohne sogleich auf Bekehrung zu drängen.

Eine letzte Spannung aber bleibt. Sie wird deutlich auch in den Jahren in Bad Boll, in manchem Unbehagen, und der Sohn Christoph wird als Nachfolger in Bad Boll ebenfalls an dieser Spannung arbeiten müssen. Der Sieg über die Dämonen und die neutestamentliche Interpretation dieses Geschehens schien auf einen baldigen Ausbruch der Königsherrschaft Gottes zu deuten; der Herr aber verzog. Für die letzte Nummer seiner »Blätter aus Bad Boll« entwarf Blumhardt eine Betrachtung »Der Herr ist nahe«[71]: »Es war mir ... ein Bedürfnis, es zu betonen, daß alles nicht einst, sondern bald kommen werde ... bald oder nie.« Mit gutem Bedacht hat er diesen Entwurf doch nicht verwendet und seine »Blätter« in anderer Weise abgeschlossen. An diesem Beispiel aber mag etwas deutlich werden von dem inneren Ringen Blumhardts, von dem Wissen um die Kraft Gottes und deren spürbare Wirkung, aber auch von der Frage, wann dieses Reich nun nicht mehr nur halb im Verdeckten, sondern in aller Öffentlichkeit zur Realität im Sinn des 19. Jahrhunderts, zur äußerlich und objektiv feststellbaren und deshalb von niemand mehr bezweifelbaren Gegebenheit werden würde, zur Realität, die alle und alles erfaßt und gestaltet. Blumhardt mußte in der Spannung zwischen Gewißheit und Warten leben, in der Spannung des Advents. Er bleibt damit eine Gestalt, die alles Aufsehen und alle Sensation von sich selber peinlichst vermeiden will, weil es um einen anderen geht; Blumhardt bleibt damit eine Gestalt ähnlich der Johannes des Täufers, der selber abnehmen wird und der auf den hinweist, der größer ist und der − immer noch − kommt.

Anmerkungen

1 Für diesen Beitrag sind folgende Werke grundsätzlich herangezogen:
Johann Christoph Blumhardt, Gesammelte Werke. Reihe I: Schriften, Der Kampf in Möttlingen. 2 Bde. Göttingen 1979. Reihe II: Verkündigung, Blätter aus Bad Boll (BBB). 5 Bde. Göttingen 1968–1974.
Gerhard Sauter, Die Theologie des Reiches Gottes beim älteren und jüngeren Blumhardt. Zürich und Stuttgart 1962.
Joachim Scharfenberg, Johann Christoph Blumhardts Bedeutung für die Seelsorge. Göttingen 1959.

2 Friedrich Zündel, Pfarrer Johann Christoph Blumhardt. Ein Lebensbild. Zuerst erschienen Heilbronn 1880, seither in zahlreichen Ausgaben wieder aufgelegt.

3 Vg. Friedrich Seebaß, Johann Christoph Blumhardt. Hamburg 1949, S. 13.

4 BBB V, S. 192 ff.

5 Vg. Joachim Trautwein, Religiosität und Sozialstruktur, Calwer Hefte 123. Stuttgart 1972.

6 Zu Ludwig Hofacker (1798–1828) siehe Gerhard Schäfer, Ludwig Hofacker und die Erweckungsbewegung in Württemberg; in: Bausteine zur geschichtlichen Landeskunde von Baden-Württemberg. Stuttgart 1979, S. 357–379.

7 Vg. Hartmut Lehmann, Pietismus und weltliche Ordnung in Württemberg. Stuttgart 1969, S. 188.

8 Blumhardt-Forschungsstelle Stuttgart.

9 Zu Wilhelm Hoffmann (1806–1873) siehe BBB V, S. 42 f.

10 BBB IV, 2, S. 39.

11 Immanuel Tafel (1787–1860), Bibliothekar und Professor für Philosophie.

12 David Friedrich Strauß (1808–1874), 1832 Repetent am Stift in Tübingen; das »Leben Jesu« erschien 1835, darauf wurde Strauß entlassen, 1839 zum Professor in Zürich berufen und sofort wieder pensioniert, lebte als freier Schriftsteller; vgl. BBB V., S. 12 und Jörg Sandberger, David Friedrich Strauß als theologischer Hegelianer. Göttingen 1972.

13 Landeskirchliches Archiv Stuttgart, Zeugnisbuch (A 13, 1822–1836), S. 461.

14 D. Christian Gottlob Barth (1799–1862), 1824–1838 Pfarrer in Möttlingen, dann als freier Schriftsteller tätig.

15 Zu Johann Albrecht Bengel (1687–1752) siehe Gottfried Mälzer, J. A. Bengel, Leben und Werk. Stuttgart 1970; Martin Brecht in TRE V.

16 Vgl. BBB IV, 2, S. 144.

17 BBB IV, 2, S. 36.

18 Johann Tobias Beck (1804–1878), 1836 Professor in Basel, 1842 in Tübingen; vgl. Hans-Martin Wolf in TRE V, S. 393 f.

19 Zu Friedrich Christoph Oetinger (1702–1782) vgl. jetzt auch die Einleitungen in: Friedrich Christoph Oetinger, Die Lehrtafel der Prinzessin Antonia. Teil 1: Text = Texte zur Geschichte des Pietismus, Abt. VII. Berlin 1977.

20 Vgl. BBB III, 1, S. 241 b und IV, 2, S. 120 f.

20a Vgl. dazu Rainer Piepmeier, Aporien des Lebensbegriffs seit Oetinger. Münster 1978.

21 Zur Familie Köllner siehe BBB V, S. 198 f.

22 Ludwig Friedrich Fischer (1780–1857), 1824–1857 Dekan in Calw.

23 Christoph Andreas Gottlieb Friedrich Sprenger (1800–1864), 1839–1856 Pfarrer

in Zavelstein; der Vater und Großvater waren ebenfalls württembergische Pfarrer gewesen.

24 D. Dr. Johann Christian Ludwig v. Georgii (1810–1896), 1840–1846 Diakonus in Calw, ab 1846 Dekan, ab 1869 Prälat von Tübingen.

25 Albert Knapp (1798–1864), »der Schöngeist des württ. Pietismus«, ab 1836 Pfarrer in Suttgart.

26 Zu diesem ganzen Zusammenhang siehe Kampf in Möttlingen 2, S. 13 f.

27 BBB IV, 1, S. 288.

28 Siehe Kampf in Möttlingen 2, S. 14.

29 Vgl. Friedrich Seebaß, Johann Christoph Blumhardt. Hamburg 1949, S. 31.

30 Blumhardt-Forschungsstelle Stuttgart.

31 BBB V, S. 187.

32 Siehe Kampf in Möttlingen 1, S. 32–78.

33 Siehe Kampf in Möttlingen 1, S. 79–88.

34 Siehe Kampf in Möttlingen 1, S. 89–92.

35 Vgl. Kampf in Möttlingen 2, S. 23 (C. G. Jung, Die Wirklichkeit der Seele. Zürich 1934, S. 51 f.).

36 BBB IV, 2, S. 39.

37 Siehe Kampf in Möttlingen 2, S. 15 f.

38 BBB IV, 1, S. 246.

39 Vgl. Vorwort der Krankheitsgeschichte; Kampf in Möttlingen 1, S. 32 f.

40 Siehe Kampf in Möttlingen 1, S. 93–118. Zur Krise, die in der Gemeindearbeit in Möttlingen um 1850 sichtbar wird, siehe den Brief vom 12. Jan. 1850 bei Otto Bruder, J. Chr. Blumhardt: Seelsorge. Siebenstern-Taschenbuch 118. München 1968, S. 118.

41 Siehe Kampf in Möttlingen 2, S. 46.

42 Siehe Kampf in Möttlingen 2, S. 46; vgl. Scharfenberg, Johann Christoph Blumhardts Bedeutung für die Seelsorge, S. 79 f.

43 Siehe Kampf in Möttlingen 2, S. 33–42.

44 Siehe Kampf in Möttlingen 1, S. 355–396.

45 Siehe Kampf in Möttlingen 1, S. 301–336.

46 Siehe Kampf in Möttlingen 2, S. 47.

47 Siehe Kampf in Möttlingen 2, S. 33–35.

48 Zu Friedrich Theodor Vischer (1807–1887) siehe Fritz Schlawe, F. Th. Vischer. Stuttgart 1959.

49 Siehe BBB I, 1, S. 197 f.

50 Siehe Kampf in Möttlingen 2, S. 51.

51 Vgl. Gerhard Schäfer, Die evang. Kirche und die Revolution 1848/1849; in »Pietismus und Neuzeit«, Bd. 5 (1979), S. 39–65.

52 Zu Gustav Werner (1809–1887) siehe Paul Wurster, Gustav Werner, Leben und Wirken. 1888. – Die Aufgeschlossenheit nach vorne gilt trotz der sonst konservativen Haltung Blumhardts auch während der Revolution; vgl. Brief vom 4. 1. 1850 bei Bruder, Blumhardt, S. 117.

53 Ab BBB IV, 2 (1877).

54 BBB II, 2, S. 188 f.; vgl. BBB II, 1, S. 308 f.

55 Siehe Kampf in Möttlingen 1, S. 176 und S. 341.

56 Siehe Kampf in Möttlingen 1, S. 337–354.

57 Siehe Kampf in Möttlingen 1, S. 75 f. und Kampf in Möttlingen 2, S. 113.

58 Den Brief vom 25. Febr. 1844 siehe bei Bruder, Blumhardt, S. 111 f.; vgl. BBB III, 1, S. 246 f.

59 BBB I, 2, S. 63.

60 BBB II, S. 214; vgl. BBB II, 1, S. 409.

61 Luk. 17, 21

62 BBB I, 1, S. 117.

63 BBB II, 1, S. 413.

64 EKG, Württ. Ausgabe 1953, Lied 428; vgl. auch die andere Fassung dieses Liedes in BBB I, 1, S. 192.

65 Vgl. Otto G. Dilschneider, Geist als Vollender des Glaubens. Gütersloher Taschenbücher, Siebenstern 270. Gütersloh 1978. Dazu Ernst Gerhard Rüsch, Die Erlösung der Kreatur; in »Kirchliche Zeitfragen«, Bd. 28. Zürich 1956, S. 5 f.: »zugespitzt gesagt: Blumhardt fragt nicht: ‚Wie kriege ich einen gnädigen Gott‘, sondern: ‚Wie kriegt die seufzende Kreatur von Gott ihren endlichen Erlösungstag?‘«.

66 Matth. 3, 2.

67 Vgl. Martin Honecker, Konzept einer sozialethischen Theorie. Tübingen 1971.

68 Vgl. Gotthold Müller, Identität und Immanenz. Zur Genese der Theologie von David Friedrich Strauß. Zürich 1968.

69 Landeskirchliches Archiv Stuttgart, Personalakten J. Chr. Blumhardt (A 27, Nr. 267).

70 Siehe Kampf in Möttlingen 1, S. 296 f.

71 Vgl. BBB V, S. 114 f.

Paul Ernst

»Gefühle am Schafott« (1829) – der Erstling des Seelsorgers Johann Christoph Blumhardt

»Gefühle am Schafott« heißt eine achtseitige Flugschrift. Sie trägt keinen Verfassernamen, auch keine Verlegerangabe und keinen Druckort, nur das Erscheinungsjahr 1829. Daß Johann Christoph Blumhardt sie geschrieben hat, steht fest, obwohl wir von ihm darüber nicht die geringste Äußerung haben: Die Angehörigen haben anscheinend davon gewußt; in ihrer Mitverantwortung hat es jedenfalls im Todesjahr 1880 Blumhardts Biograph Friedrich Zündel bekanntgemacht. Seitdem hat wohl kaum jemand die vergilbten Blätter gesehen und gelesen. Das einzige vorweisbare Stück wurde, als ich bei der Württ. Landesbibliothek in Stuttgart die Blumhardt-Forschungsstelle einrichtete, im dort verwahrten Nachlaß aufgefunden. Warum hätte gerade der ältere Blumhardt es bei seinem Werk aufgehoben, wenn es nicht der gedruckte Erstling des Vierundzwanzigjährigen gewesen wäre? – Nicht zuletzt ist es der Stil, d. h. die Schreibart und gesamte Darstellungsweise, die unsern Blumhardt als Verfasser gewiß macht.

Der Anlaß

Der Anlaß zu diesem sonst untergegangenen Druck vor reichlich einhundertundfünfzig Jahren war sehr traurig. Im Herbst 1828 wurde zu Reutlingen der evangelische Geistliche Brehm abgesetzt und in Untersuchungshaft genommen. Er wurde des »Verbrechens wider die Sittlichkeit« (gemeint ist Geschlechtsverkehr mit der Dienstmagd) und des Mordes bzw. der Beihilfe dazu am außerehelich Neugeborenen der Haushälterin angeklagt. Der Prozeß fand in Tübingen statt und brachte durch viele Monate das ganze Land in Aufregung, da die Zeitungen alle Einzelheiten laufend verbreiteten – weiter nichts über die Magd, aber über den Pfarrer. Joseph Brehm, Sohn eines Chirurgen im

Hohenlohischen, hatte nach guter Vorbildung das Stuttgarter Gymnasium zwei Jahre erfolgreich besucht und als fleißiger Tübinger Stiftler nach abermals zwei Jahren den Magistertitel der Philosophie erworben. Mit trefflichen theologischen Zeugnissen war er nach seiner Vikarszeit sofort in Schwabens Industriestadt an ihrer ehrwürdigen Marienkirche als Pfarrer angestellt worden, auf der zweiten Stelle »Helfer« genannt. Dazu bekam er bald die Aufsicht über das dortige Schulwesen. Der arbeitsame und tüchtige Mann war allerdings unglücklich. Doch war kaum bekannt, daß es wenige Jahre nach der Heirat mit der Reutlinger Pfarrerstochter Regina Elisabetha Camerer zur Scheidung gekommen war, wobei sie ihm Geiz vorwarf. Nun hatte drei Jahre die Dienstmagd dem Enddreißiger den Haushalt geführt. Ihr Kind lag nach siebzehn Lebensstunden erwürgt auf dem Dachboden des Pfarrhauses. Die Rechtserkenntnisse hatte das Stuttgarter Obergericht anerkannt, der König die Todesstrafe wegen vorsätzlicher Tötung nicht gemildert: der Pfarrer war in Reutlingen mit dem Schwerte öffentlich hinzurichten.

Selbstverständlich haben die Theologiestudenten des Tübinger Stifts, unter denen Blumhardt damals in seinem Examensjahr lebte, brennend die Gerichtsereignisse um Brehm verfolgt und sich über die Entwicklung eines der Ihren, von dem sie natürlich abrückten, ausgetauscht. Schließlich hat einer, als ginge es innerlich sie nichts an, ein lustiges Lied darüber gemacht; das war sogar in ganz Deutschland verbreitet. Empörter Gegensatz trieb Blumhardt, wie Zündel berichtet, zu seiner Schrift, in der es einleitend heißt:

»Es sind bereits mehrere Monate verstrichen, seit die Kunde von der unerhörten Tat in unsere Ohren drang, aber noch immer hören wir fast nichts als Verwünschungen über den Verbrecher, hören ihn von allen Seiten einen Abscheu, ein Ungeheuer der Menschheit nennen, und jeder glaubt sein Sittlichkeitsgefühl eben damit an den Tag legen zu müssen, daß er mit den stärksten Farben die Schrecklichkeit der Tat ausmalte, und mit den ausgesuchtesten Fluchnamen den Täter bezeichnete.«

Diese Sätze Blumhardts dürften sich auch auf das erwähnte Lied beziehen. Unsere Nachforschung hat nun ergeben, daß jener Bänkelsänger unter seinem schon bekannten Namen »Der alte Schartenmayer« auftrat und in Wirklichkeit Friedrich Theodor Vischer war, der nach dem Theologiestudium nicht Pfarrer wurde, sondern, als Vertreter der Wissenschaft des Schönen berühmt, schließlich an der Stuttgarter Technischen Hochschule lehrte. Die fast ein halbes Hundert Vierzeiler »Leben und Tod des Joseph Brehm« finden sich in seinen Werken. Vischers Vater, Dekan in Ludwigsburg, hatte dagegen 1812 für einen dort Hingerichteten das »Gebet für den Attentäter« verfaßt und anscheinend die ganze »Nachricht von dem Verbrechen und der Hinrichtung« geschrieben. Dieses Heft hatte er zugunsten der drei noch unmündigen Kinder des Enthaupteten vertrieben. Mit dem älteren Sohn Vischer, der Pfarrer wurde, war Blumhardt schon im Schöntaler Seminar zusammen, aber sicher nicht mit dem Ästhetiker befreundet. Friedrich Theodor Vischers guter Freund, ebenfalls aus Ludwigsburg, war sein Studiengenosse David Friedrich Strauß, der spätere Verfasser des berüchtigten »Lebens Jesu«. Mit ihm hat Blumhardt gebetet, offenbar in der »Studenten-Stunde«, an der er, geprägt von seinem pietistischen Elternhause und seiner Verbindung mit der Korntaler Brüdergemeinde, teilnahm. Und deswegen hat Blumhardt trotz des harten theologischen Gegensatzes dem Studienfreund Strauß zeitlebens sein Haus offen gehalten, allerdings vergeblich. Blumhardts eigentlicher und engster Tübinger Freund war ein dritter Ludwigsburger, der Dichter Eduard Mörike, zeitweilig Stadtstudent und von Blumhardt zu Möttlingen noch 1848 von einem Rückenleiden befreit. Diese drei als Genies bekannten Stiftler waren also die Umwelt, aus der Blumhardt mit seinem Erstling hervortrat. Mörikes Urfreund Hartlaub, der auch Blumhardt vertraut blieb, hat Vischer später unter »die Männer des aktiven Unglaubens« eingereiht. Geistesgeschichtlich gesehen, tritt Blumhardt schon in seinen Examenswochen mit der Niederschrift »Gefühle am Schafott« jenen drei allgemein bekannteren Studiengenossen Vischer, Strauß, Mörike eigenständig gegenüber.

Die Gestalt

Der vollständige Titel lautet: »Gefühle am Schafott des gewesenen Helfer *Joseph Brehm,* welcher wegen eines verübten Kindsmords / den 18. Juli 1829 zu Reutlingen / hingerichtet worden ist«. Merkwürdigerweise nimmt die obere Hälfte des Titelblattes ein grober Holzschnitt ein. Schablonenhaft und vergrößert hält auf dem Schafott der eine der Henkersknechte mit aufgekrempelten Ärmeln das blutströmende Haupt über dem Rumpf des auf dem Stuhle in der Mitte Festgebundenen. Weiter vorn zeigt rechts der jugendlichere das erhobene mächtige Schwert. Links reckt sich nach vollbrachter Tat der Henker, die nackten Unterarme verschränkt. Als Vordergrund sieht man von hinten die Hüte der uniformierten »Schanndarmenscharen« (wie sich Vischers Lied ausdrückt). Links der viereckigen, auf Böcken hochgestellten Plattform steht der zur Hinrichtung Bevollmächtigte oder Sprecher, beide Arme wie in bedauernder Rednergeste ausgestreckt. An beiden Seiten und jenseits des Bohlentisches gewahrt man die Menge Kopf an Kopf; vom rechten Rand deutet ein Arm mit Zeigefinger in Richtung des Schwertes auf den Hingerichteten. Am Horizont ragt hinter dem linken Hügel wie von der Reutlinger Marienkirche die Kreuzblume einer Turmspitze hervor.

Damit ist Blumhardts Flugschrift wie eine Moritat aufgemacht. Bänkelsänger, die auf dem Jahrmarkt, auf einer kleinen Bank stehend und mit einem Stock auf im ganzen greuliche Bilder zeigend, ihre Neuigkeiten – und zwar wohlgemerkt mehr schaurige als fröhliche – herabsangen, verkauften meist durch Familienglieder unter der hörenden Menge die jeweilige Schreckensgeschichte in ausführlicherer Prosa, wobei die Oberseite ein erregendes Bild zeigte und der gehörte Liedtext gewöhnlich das Heftchen schloß. Das ergab die eigentliche Einnahme des Schaustellers, der sich zu seinem Zwecke irgendwo seine Hefte ohne nähere Angabe billig drucken ließ. Vermutlich kommt ähnlich Blumhardts billige Schrift, für die er wahrscheinlich kein Geld erhielt, aus einer Reutlinger Druckerei. Um Geld ging es einem Blumhardt nie bei seinen Werken, die er übrigens dann teilweise in Reutlingen verlegte. Gegen Ende der Abhandlung heißt es: »So betritt heute [!] nach gehegtem peinlichen Gerichte der Kindsmörder das Blutgerüst«; daher wurde sie wohl von Ausrufern der bei der Hinrichtung versammelten Menge angeboten. Entsprechend sah ich in einer Stuttgarter Zeitung, die drei Tage danach herauskam, die Anzeige einer den gesamten Prozeß berichtenden kleinen Druckschrift.

Formgeschichtlich ist also Blumhardts Erstling nur vom Bänkelsang her zu verstehen, während er inhaltlich gegen Vischers Lied gerichtet ist und dessen Vater näher steht. Die Aufschrift meint nicht schreckliche Gefühle des Verbrechers bei den letzten Schritten aufs Blutgerüst, sondern kreist um die Empfindungen der Zuschauer angesichts der Enthauptung. Indessen die Bänkelsänger-Schriften, wie gesagt, meist mit dem vorgetragenen Lied enden, beginnt Blumhardt mit einem Gedicht »Am Hochgericht«, das schon Zündel – allerdings nur in den ersten fünf Auflagen (bis 1887) – vollständig veröffentlicht hat. Die ersten vier der zehn Strophen lauten:

»Sonne, berge dich mit deinem Strahle, / Stumm und schweigend zieht zum Hochgericht / Jetzt ein Sünder hin; zum letzten Male / Seht ihr dieses Frevlers Angesicht.

Nicht begnadigt hier, tritt dieser Sünder/ Vor des ew'gen Weltenrichters

Thron, / Wo er mit Gerechtigkeit nicht minder / Wird empfangen seiner Taten Lohn.

Er, den sich der Höchste ausersehen, / Dem er Gaben viel verliehn, / Daß er mög' voran als Hirte gehen, / Seelen für den Himmel einst erziehn,

Den der Herr als Beispiel eingesetzt, / Statt daß der mit Tugend ging voran, / Hat er schwer der Menschheit Recht verletzt / und ging selbst des grellsten Lasters Bahn.«

Die Verse erreichen natürlich nicht Mörikes Musikalität und Gestaltungskunst, stehen in Strophenbau, Reim und Rhythmus (z. B. mit dem altertümlichen »eingesetzt – verletzet«) vielmehr bewußt näher einem holprigen Bänkelsang. Die dort üblichen Vierzeiler klingen bei Blumhardt durch fünf (statt der häufigen vier Hebungen) schwebender und haben im Unterschied zum im Grunde sich lustig machenden Gegenspieler und zur im Bänkelsang verborgener naseweiser Gesellschaftskritik keinen ironischen oder parodistischen Zeigefinger. Sondern Blumhardts Äußerungen sind hinter aller dem Marktschreier ähnlichen großen Geste und der durchgehenden Entrüstung aus einer echten Trauer geboren. Ihr Ausdruck zielt auf das breite Volk. Aber bei aller Volkstümlichkeit und Schlichtheit ruht Blumhardts Sprache immer auf hoher Bildung. Der Einsatz »Sonne, berge dich mit deinem Strahle« ruft ähnlich antiker Dichtung den Sonnengott an oder erinnert gar an den Karfreitagsbericht. In der nächsten Zeile braucht die treuherzig verstärkende Wiederholung »stumm und schweigend zieht zum Hochgericht« keinesfalls als sinnlose Verdoppelung gesehen zu werden, sondern kann wie oft in Blumhardts so leichthin scheinendem Ausdruck tiefe Überlegung verbergen und dann hier nüchtern und ehrerbietig neben der verständlichen Stummheit des Belasteten meinen, daß er auf seinem schweren Gang nichts auf möglichen, in einer späteren Strophe erwähnten Hohn aus der spalierbildenden Menge, die einst unter seiner Kanzel saß, antwortet.

Jedoch, ist die ganze hier von uns wissenschaftlich aufgedeckte Verknüpfung mit der Moritat-Trivial-Literatur nicht ein Irrweg und führt nur zu einer Fehldeutung Blumhardts? – Im Gegenteil! Man sollte für ihn insgesamt erkennen: Er ist als Geistlicher wesentlich und vorbildlich nach zwei Richtungen ausgeprägt, nämlich nach der missionarischen und nach der seelsorgerlichen. Er hat sich schon in den Wochen seiner Universitätsprüfung nicht nur für die Kirchenkanzel berufen gefühlt, sondern hat trotz des Examens ein Ohr für die

Öffentlichkeit draußen gehabt und ist am Ausgang seines Studentendaseins sofort auf die Straße gegangen. Er, der später sechseinhalb Jahre lang Zöglinge des Basler Missionshauses ausbildete, hat gleich einem Missionar gerade die entfremdete Menge gesucht. Der Holzschnitt lockte damals wie heute die »Bild-Zeitung«: die Masse muß jedenfalls angesprochen werden, wo sie interessiert ist und ihr Gefühlsleben sich öffnet und sie dann vielleicht den besseren Lebensweg überlegt.

Das geschieht nun zuerst bei Schrecken und Grauen. Blumhardt selber hatte gewiß keine Vorliebe dafür, war vielmehr empfindlich und zum sich Wegwenden geneigt. Nie konnte er deshalb z. B. das als Stuttgarter Knabe erlebte Spießrutenlaufen der Soldaten u. ä. vergessen. Darum sind seine Schilderungen in der »Krankheitsgeschichte der Gottliebin Dittus« teilweise so schauerlich und ist andererseits dieser vertrauliche Bericht nicht zuletzt deswegen seine meistgekaufte, verbreitetste Schrift. Seine nächste, die erste große schriftstellerische Arbeit – ich meine die von mir nachgewiesene fünfzehnjährige Verfasserschaft der »Monatsblätter für öffentliche Missionsstunden« (Möttlingen 1839 – Bad Boll 1853) – benutzt dauernd ähnliche Anknüpfung an heidnische Greuelgeschichten und an Verbrechen in den Kolonien. Als beliebter Festredner war Blumhardt Massenversammlungen gewohnt und hat dort jedoch grundsätzlich nicht mit Schrecken des Weltgerichts gedroht und nicht Höllenqualen ausgemalt, aber sie waren ihm bei seiner Verkündigung des Evangeliums stets gegenwärtig, und er war ebenso auf das verwirrte wie auf das angstvolle und verschüchterte Gewissen ausgerichtet.

Der Gehalt

Der Gehalt der Flugschrift steckt wesentlich im Mittelteil, dessen drei Seiten überschrieben sind: »Ermahnung [nämlich der Leser] und Betrachtung des Unglücklichen.« Die gedrängten sechs Absätze, deren genaue Inhaltsangabe zu zeitraubend wäre, ruhen auf einem dreifachen Untergrund.

Erstens ist Blumhardt durch eine vorbildliche Niedrigkeit gekennzeichnet. Er predigt nicht von hoher Kanzel herab, sondern schließt sich mit der breiten Leserschaft zusammen. Statt schneller Be- oder gar Verurteilung des andern, den er mitleidsvoll einfach nur als den »Unglücklichen« ansieht, untersucht er zuerst sein eignes Innerstes und bindet sich immer in alle Verdammung und Vermahnung mit ein. Ohne jeden Hochmut versucht er, sich in die

52

Umstände des andern zu versetzen. Nichts kann ihm zu abgelegen oder unmöglich erscheinen, denn Blumhardt sah stets die Gefahr des Auswuchses der eigenen Neigungen. Sonder Gefallen am Schlechten und durchaus fern von seinem lüsternen Genuß, dient ihm das böse Beispiel allein zur Wahl des Besseren. Er macht in der Flugschrift völlig Ernst mit Jesu Mahnung »Richtet nicht!« und überläßt das Gericht wirklich Gott. Wie im Weltgericht nimmt er zur Stellungnahme den Maßstab des Angeklagten, hier also das, was Brehm auf der Kanzel dem Volk als Richtschnur betont gewiesen hatte. Doch Blumhardt wagt es, für das Verständnis des Mörders zu fechten.

Zweitens sind die hervorragende Psychologie und Theologie zu unterstreichen. Die Vernunft – bei Brehm ausgebildet und doch nicht angewandt – wird zur Prüfung aller Anstöße im Leben gebraucht und soll positiv die Widersprüche gegen das Heilige überwinden helfen, sie ist nicht etwa zu dessen Zersetzung und Zerstören da. Die Laster des Geizes und der Wollust beim Angeklagten, von dem im Schulamte ja auch das Vorbild für die Lehrerschaft und die Jugend erwartet wurde, geißelt Blumhardt mit der höhnenden Menge. Er sieht noch strenger als sonstige Beurteiler den Hochmut des Handelns und die Heuchelei auf der Kanzel. Von den gesamten Presseberichten über den Prozeß unerreicht ist sein tiefer Einblick in das Wesen eines Strebers: Wohl gerade die Rücksicht auf die persönliche Ehre und auf die Erhaltung des äußeren Wohlstands hat Brehm, durch Leidenschaft der Besinnung beraubt, zum geheimen Mord verleitet. Dabei könnte er Abfindung der Magd und Unterhalt des Kindes – derlei Zahlungen schlug ihm Vischers Lied vor – gescheut haben. Treffend wirkt die anschließende Frage: Was nutzt der Damm der bürgerlichen Ehrbeachtung und des Strebens nach erfolgreichem Wohlergehen gegen Unsittlichkeit und böse Anfälle? Solch bohrendes Fortfragen macht die Verlogenheit und Sünde (als Trennung von Gott) besonders des satten Bürgertums offenbar. Blumhardts theologische Reife sieht, vom jugendlichen Idealismus bereits frei, allein die Notwendigkeit der Buße und hat genauso erstaunlich die Rechtfertigung lutherisch klargestellt, nämlich im letzten Absatz unerwartet geschickt fern von Werkgerechtigkeit und Eigenverdienst – und ohne Verwendung derartiger Begrifflichkeit – beide allein durch Gnade und Vergebung verkündigt.

Drittens läßt sich schon hinter seinem ersten Schriftsteller-Unternehmen Blumhardts Eintreten für die Kirche erkennen. Vischer, in dessen Lied hochmütige Hiebe gegen die Geistlichkeit fallen, und andere wie vielleicht Strauß und die meisten der breiten Masse konnten durch den Fall Brehm zum Abstandnehmen von der Landeskirche sich bewogen fühlen; auch Blumhardts Freund Mörike ist ja – aus ganz andern Gründen und übrigens mit Blumhardts Einverständnis – aus dem Pfarrberuf gegangen. Unser Examenskandidat hat alle Erschütterung und Anfechtung durchkämpft und überwunden. Er, mit seinem Verstehen für jenen Geistlichen, entschließt sich nur fester zum nächstens anzutretenden Beruf. Hat er an der Kirche zwar zeitlebens manches auszusetzen gehabt, so erlaubte er sich doch keine bloße oder öffentliche Kritik und hat noch mehr unter dem Zustand der Christenheit überhaupt gelitten. Auch als freier Pfarrer von Bad Boll ist der ältere Blumhardt – in gewissem Unterschied zu seinem Sohn Christoph – fest zur Landeskirche gestanden und ihr treu verbunden geblieben. Dabei hat kirchengeschichtlich Blumhardt, dessen Flugschrift noch nicht dreiviertel Jahre nach Ludwig Hofackers frühem Tod erschien (und der außer mit Barth unter anderen bekanntlich mit Wilhelm Hofacker und Albert Knapp eng befreundet war), am Anfang der Erweckung in Schwaben teil und trägt sie durchs vorige Jahrhundert hin.

Die Hauptsache

Das tiefe menschliche Verständnis und das umfassende Bewußtmachen sind als Tiefgang von Blumhardts Seelsorge schon deutlich. Es ist an unserm Beispiel nur noch die ins Herz dringende Gewalt mit ihrer Durchschlagskraft zu beschreiben. Übertriebenes Pathos mag Blumhardt nicht, sondern äußert sich höchstens mit warm werbender evangelistischer Rede. Hoffentlich war ebenfalls schon etwas spürbar, wie er das Herz des andern zu öffnen verstand; heraus käme es nur, wenn man den gesamten Wortlaut vorlesen könnte oder beim eignen Lesen. Hier beleuchten wir knapp wieder nach drei Gesichtspunkten.

Obwohl die Flugschrift und ihre Aufmachung auf eine Massenverbreitung eingestellt sind und ihr Verfasser eine missionarische Aufgabe am gesamten Volk sah – da grenzt der heute unter uns Gefeierte ans Prophetische! –, richtet sich Blumhardts Seelsorge doch grundsätzlich auf den Einzelnen. So tief er den Frevel erkennt und die Sünde haßt, so stark liebt er den Sünder als Bruder oder Schwester. Er sieht nicht auf den Schaden, sondern auf seine Besserung. Und zwar spricht er freimütig eines jeden Herz an als im Augenblick zu Entschlüssen frei, und trotz der eignen Nüchternheit im Hinblick auf alle Hemmungen und auf die abgrundtiefe Verlorenheit des »aus sündlichem Samen gezeugten und gebornen« Menschen umfängt er einen Besucher mit einem großen und festen Zutrauen zum besseren Wollen. Dabei zielt er nicht nur auf das Gewissen, sondern bezieht sich ebenso auf die Gefühle. Einsicht oder Intellekt werden keineswegs ausgeklammert. Aber die Erkenntnis muß für Blumhardt in Empfindung gegründet werden und das gesamte Gemüt erfüllen. Wenn zum Glauben keine Erfahrung kommt, ist er für Blumhardt nichts nütze.

In der Ausübung seiner Seelsorge setzt der ältere Blumhardt sein eignes Zeugnis und das selbsterlebte Beispiel ein, allerdings durchaus taktvoll das zu Persönliche verschweigend und nur eine völlig hergehörige Veranschaulichung nutzend. Vor der Mitte seiner Abhandlung sagt er:

»Ich kenne einen angesehenen und höchst einflußreichen Mann, der von sich erzählte, daß er in seiner Jugend von seinem Vater äußerst streng und hart gehalten und oft aufs empfindlichste gestraft worden sei, bis endlich leise sogar der Gedanke, seinen Vater zu morden, in ihm aufkam. Es blieb nur bei dem schwachen Gedanken. Aber als er einmal in seinen reiferen Jahren auf einer Reise unversehens vor einen Galgen zu stehen kam, erschrak er plötzlich – ›da könntest auch du hängen‹, fiel ihm ein, ein Tränenstrom stürzte von seinen Augen, und er fiel tiefbewegt unter dem Gerüst auf die Knie und dankte der göttlichen Barmherzigkeit, die ihn vor einem solchen Lebensende bewahrt hätte.«

So ist der Hörer aufgefordert, sich an die eigne Brust zu schlagen, statt sich über den Mörder zu entrüsten.

Grund und Werkzeug aller Seelsorge ist jedoch bei Blumhardt allein das Bibelwort. Merkwürdig schließen alle sechs Absätze mit einem Wort der Heiligen Schrift. Zu seiner Zeit war sie dem Volke noch mehr vertraut. Blumhardt verzichtet meist auf Stellenangabe und arbeitet die Sätze völlig in seinen Wortlaut ein. Sie stehen also nicht vor den Ausführungen und werden dann nicht entfaltend ausgelegt, sondern es wird recht modern zum überraschenden Verständnis hingeführt. Da wirkt Gottes Wort am Schluß als Hammerschlag, der den Nagel bleibend ins Gewissen treibt. – Mit dem Propheten-Ausspruch (das Wort gebraucht auch Jesus) »Mit sehenden Augen sehen sie nicht« fängt er an; dabei ist beachtlich: nicht Blumhardt erlaubt sich eine Anklage, sondern statt seiner Worte tritt die Feststellung der Schrift ein. Es folgen Apostelworte wie »Wer sich läßt dünken, er stehe, sehe zu, daß er nicht falle« und »Schaffet eure Seligkeit mit Furcht und Zittern«: das setzt die Willensfreiheit voraus, obwohl Blumhardt stets den Folgesatz weiß »denn Gott ist's, der in euch wirket beides, das Wollen und das Vollbringen«. Im Höhepunkt beruft sich Blumhardt zentral auf das Wort Jesu. Hier führt er aus dem Bericht über die Ehebrecherin an

»Wer von euch sich ohne Sünde weiß ...« und steigert über Sätze der Bergpredigt, daß, wer den Nächsten verachtet, des höllischen Feuers schuldig sei, bis zur Möglichkeit, daß ein Ehebrecher, an seine Brust schlagend, noch im Glauben an den Gekreuzigten Vergebung erlangen kann, und schließt: »Wie leicht könnten wir noch das Schreckensurteil hören ›er ist gerechtfertigt vor euch!‹« Doch nicht Gesetzesworte bestimmen Blumhardts Verkündigung, sondern die Seelsorge kommt, still anklopfend, vom Evangelium, ist getragen vom Glauben an den Gekreuzigten und die Nähe des Auferstandenen.

Der Erstling endet mit einer Art Nachwort. So wie kein Bänkelsängerlied bei allem Freimut des Urteils und heimlicher Kritik an öffentlichen Zuständen ohne einwandfreie »Moral von der Geschicht'« aufhörte, schließt unter dem gleichen Vorbild und Zensurzwang Blumhardts Flugschrift zu Joseph Brehm nach kurzer Zusammenfassung des Prozeßausgangs und Urteils mit hartem Bedauern:

»... ein furchtbares Beispiel, wie tief der Mensch sinken kann, welcher weder der warnenden Stimme seines Gewissens ein williges Ohr leiht noch sich durch die strafende Hand der Obrigkeit zur Umkehr auf der Bahn des Lasters bestimmen läßt, vielmehr sich einem zügellosen Leichtsinne hingebend zu Verbrechen und Taten fortschreitet, welche nur [verstehe: auf Erden] durch den Ausschluß des Verbrechers aus der menschlichen Gesellschaft gebüßt werden können.«

Eberhard Kerlen

Analyse der Predigt über Lukas 18, 1–8
gehalten am 13. Oktober 1850 in Möttlingen

Überblickt man das heute zugängliche und in der Blumhardt-Forschungsstelle der Württembergischen Landesbibliothek geordnete Material, existieren von Johann Christoph Blumhardt folgende Auslegungen zu Lukas 18, 1–8: Predigt vom 13. 10. 1850 (in »Predigtblätter« 1881, S. 151–160), Predigt von 1860 (in »Evangelien-Predigten«, Gesammelte Werke Bd. 2, hrsg. von Christoph Blumhardt, 1887, S. 453–463), Predigt vom 14. 10. 1877 (in »Predigtblätter« 1879, S. 299–313), Betrachtung im »Stuttgarter Sonntagsblatt« 1873, S. 339f., Auslegung in »Blätter aus Bad Boll« 1877, S. 203–205 (letzte, abschließende Lieferung).

Sein Sohn Christoph hat nach dem bisher veröffentlichten Material über keinen Text häufiger gepredigt: 7. 11. 1886 (Lejeune I 60), 24. 2. 1890 (II 23), 19. 10. 1890 (II 31), 10. 6. 1897 (III 6), 15. 10. 1899 (III 51), 4. 9. 1910 (IV 22), 29. 10. 1911 (IV 28), 17. 10. 1915 (IV 55).

Ich habe für dieses Symposion die früheste Predigt Johann Christoph Blumhardts gewählt, die vom 13. Oktober 1850. Ich habe dies getan, um möglichst in die Frühzeit vorzustoßen: Der Oktober 1850 liegt 7 Jahre nach dem Abschluß des »Kampfes«, knapp 2 Jahre vor dem Umzug nach Bad Boll.

Ich lade Sie ein, diese eine Predigt genau zu hören. Ein Vergleich mit den anderen Predigten und Auslegungen, so notwendig und reizvoll er ist, kann jetzt nicht geleistet werden, ebenso nicht der mit den Auslegungen von Christoph Blumhardt. Das allzu schnelle Vergleichen kann davon abhalten, die Stimme des Predigers Johann Christoph Blumhardt aus der Möttlinger Zeit mit ganzer Aufmerksamkeit zu hören. Ihm gilt unser Interesse. Drei Äußerungen des Sohnes über den Vater sind mir im Ohr, wenn ich an diese Predigt herangehe. Christoph Blumhardt sagt am 6. Mai 1913: »Als ich noch Schüler war, da hat mein Vater an einem Missionsfest gepredigt, und von der Alb herunter sind die Leute geströmt, und mein Vater hat ganz einfältig und schlicht gepredigt. Nachher versammelten sich die Pfarrer, und ich kam zufällig dazu, wie einer gerade laut dozierte: ›Es ist doch gar nicht zu begreifen, warum die Leute dem Blumhardt so nachlaufen, – er predigt ja gar nichts anderes als wir auch.‹ »Je, die Predigt kann herrlich sein, – wenn aber nichts geschieht? Wenn nichts geschieht, o liebe Leute, dann gehe es uns wie dieses Frühjahr unsern Kastanien und Obstbäumen, – dann erfrieren wir. Es muß immer wieder etwas geschehen, dann werden wir warm« (Lejeune IV 37, 305–306).

Im September 1894: »Ich muß ja immer wieder das Beispiel von meinem Vater anführen, es ist wirklich hervorragend bezeichnend, und ich glaube, es ist ein Unikum in der ganzen Reichsgottesgeschichte. Es hätte wohl dürfen in einer Kirchengeschichte erwähnt werden, so einzig steht es da. Wie meinem Vater das ›Glück‹ widerfuhr, daß die ganze Gemeine ihm gleichsam zufiel als eine Beute für den lieben Gott, nachdem sie aus greulichem Aberglauben herausgerissen war, wie sich ein Licht des Geistes über das ganze Dorf ausgoß, wie die Leute, welche herkamen, ohne daß sie es merkten gesund wurden unter diesem mächtigen Drang vom Himmelreich – da fing mein Vater plötzlich an, erschrocken zu sein und bei einer bestimmten Gelegenheit, es war an einem Pfingstfest, da schrie er wie der allerärmste und hungerndste Pfarrer unter die Gemeinde hinein: ›Wenn wir nicht eine neue Ausgießung des Heiligen Geistes bekommen, so sind wir Möttlinger – wir Möttlinger – verloren!‹ Und seitdem ging dieser Hunger von ihm aus. Das wirkte wie ein kalter Strahl auf alle seine Freunde; von dort an wurde er eigentlich nicht mehr tiefer geliebt. Ich erinnere mich später, wieviele Leute mir, dem Sohne, gesagt haben: ›Ach, mit Ihrem Vater kann man nichts haben; wir verstehen ihn nicht; er könnte doch so zufrieden sein in seiner schönen Wirksamkeit und hat immer das unverständliche Sehnen und Seufzen und meint, es müsse eine neue Ausgießung des Heiligen Geistes her.‹ Nur sehr wenige verstanden es – im ganzen ist dieses Weinen und Hungern, dieses Armsein nicht verstanden« (Lejeune II 65, 486–487).

Am 3. Oktober 1913: »Aber es war mir auch merkwürdig, wie mein Vater, als er im Namen Jesu Christi so große Dinge erlebte und Tausende von Menschen bewegt wurden, und man geglaubt hat, es komme jetzt schon morgen die Vollendung, – wie er immer den Kopf geschüttelt und immer wieder gesagt hat: ›Es geht noch nicht, unsre Kräfte sind zu schwach, und der Geist, den wir haben, ist nicht durchdringend genug.‹ Und es erschütterte einen, wenn er predigte und in jeder Predigt ohne Unterlaß immer wieder verkündigte: ›Ein Neues muß kommen! Das, was wir haben erleben dürfen, vergeht, – in kurzer Zeit ist es wieder aus, und dann sitzen wir im Alten drin. Darum – ein Neues muß kommen!«« (Lejeune IV, 323, 324).

Ich gestehe, daß ich, von der glänzenden Sprachbegabung Christoph Blumhardts herkommend, der eben auch schon 20. Jahrhundert darstellt, meine Schwierigkeiten mit den Predigten Johann Christoph Blumhardts hatte: Ich lese sie wieder und wieder. Spröde, ohne Glanz, in gewisser Weise totrichtig erscheinen sie mir – bis sie an einigen Stellen ihre Tiefenstruktur freigeben, bis in einem Vorgehen Satz für Satz ihre sprengende Kraft freigelegt werden kann.

Es geht dabei um ein doppeltes Hören. Zuerst auf die Aussage, dann darauf, wie diese Aussage vermittelt wird. Inhalt und Form hängen aufs engste zusammen. Ein bestimmter Inhalt bedarf der angemessenen Form. Wird der Prediger sie finden?

Meine Untersuchung ist eine homiletische, keine historische, keine systematische. Sie versucht, Predigt zu begreifen – als vergangenes Zeugnis. Für das Hören von Predigten, eben Hören im geistlichen Sinn, im theologischen Sinn von Römer 10, für das Hören auch beim Lesen von Predigten gibt es eine Verstehenshilfe in der Art eines Koordinatensystems. Wir fragen nach 4 Richtungen:

1. Wie kommt der Text zur Geltung?
2. Wie erscheint der Name des dreieinigen Gottes?
3. Wie wird die Gemeinde dargestellt?
4. Wie bringt der Prediger sich ein?

Hier nun zunächst der Text der Predigt
nach der Ausgabe der Predigt-Blätter, Juni 1881:

Predigt-Blätter

aus

Bad Boll.

| Juni. | № 6. | 1881. |

83. Der Wittwe dreifache Bitte.

Möttlingen, den 13. Oktober 1850.

Predigt am 20. Sonntag nach Trinitatis (2. Jahrg.)

Ev. Lukas 18, 1—8. Jesus sagte ihnen aber ein Gleichniß davon, daß man allezeit beten und nicht laß werden sollte, und sprach: Es war ein Richter in einer Stadt, der fürchtete sich nicht vor Gott und scheuete sich vor keinem Menschen. Es war aber eine Wittwe in derselbigen Stadt, die kam zu ihm und sprach: rette mich von meinem Widersacher! Und er wollte lange nicht Danach aber dachte er bei sich selbst: ob ich mich schon vor Gott nicht fürchte noch vor keinem Menschen scheue; dieweil aber mir diese Wittwe so viel Mühe machet, will ich sie retten, auf daß sie nicht zu= letzt komme und übertäube mich. Da sprach der Herr: höret hie, was der ungerechte Richter saget. Sollte aber Gott nicht auch retten seine Auserwählten, die zu ihm Tag und Nacht rufen, und sollte Geduld darüber haben? Ich sage euch: er wird sie erretten in einer Kürze. Doch wenn des Menschen Sohn kommen wird, meinst du, daß er auch werde Glauben finden auf Erden?

Hier will uns, in Christo Jesu geliebte Brüder und Schwestern, der liebe Heiland eine Aufmunterung geben, daß wir doch allezeit beten und nicht laß werden sollen.

Allezeit beten, könnte man sagen, heißt: unter allen Umstän=
den beten, ohne nachzulassen, ohne daß Zwischenräume ein=
treten, in welchen man nicht betet; also: alle Tage, sich durch
Nichts abbringen lassen. Aber der Text sagt: bei Tag
und Nacht: — Das heißt, man soll in einer betenden
Stimmung bleiben, unter allen Geschäften, Lagen u. s. w.,
so daß immer das, was wir zu erbitten hätten, uns vor
Augen schwebte, und darin sollte man nie müde werden,
besonders wenn nicht schnell kommt, was wir begehren,
— wie wir oft erfahren, daß wir bitten, aber leicht
nachlassen, und endlich die früher uns angelegentlichsten
Bitten gar vergessen: — dieses hieße laß werden. Nun
aber müssen wir weiter sehen, worauf sich besonders
diese Bitte bezieht. Meint denn der Text etwas Besonderes
oder nicht? Wenn man beständig beten soll, so muß doch
eine bestimmte Richtung des Gebets sein. Da denken
viele Leute an ihr äußeres Fortkommen, oder auch
daran, daß sie mit Sicherheit zu ihrer ewigen Ruhe
kommen, empfehlen sich beständig dem Herrn, vergessen
ihn auch in der Freude nicht und tragen ihm beständig
ihre Anliegen vor. Wohl dem, der's versteht und so für
sich zu sorgen weiß, besonders bei anhaltendem Leiden!
Ob nicht zuletzt die Bitte erfüllt wird? Aber hier ist
doch im Ganzen etwas Anderes gemeint: wie das Beten
des Christen überhaupt sollte weiter reichen, als auf die
eigene Seele. Der Schluß des Textes zeigt, daß es
hier auf eine Zeit hinausreicht, welche die allerschwerste
sein wird, und daß sich Alles bezieht auf die endliche
Erlösung der Kreatur von ihren Banden und Ketten:
Sollte Gott nicht retten seine Auserwählten, sollte er

ihnen nicht heraushelfen aus allem Jammer und der
betrübten Lage, aus welcher sie hienieden beständig auf
Erlösung harren? Dieses zeigt sich noch deutlicher beim
Ende, wo der Herr von seinem Kommen redet, und die
Bitte, worin wir nicht laß werden sollen, muß Beziehung
auf sein Kommen haben, welches allem Elende ein Ende
macht. Dieses fällt vielen unter den täglichen Sorgen
nicht ein. Sie denken fast: wenn nur ich gerettet werde,
wenn nur ich mein Heil gefunden habe! Der Herr
aber möchte uns noch weiter führen, daß wir nicht
allein wünschten, selig zu werden, sondern mit den
Andern, nicht ohne die Andern; daß wir nicht nur
an uns denken, sondern an die ganze Kreatur, und so=
mit nichts Sehnlicheres im Auge haben, als daß der
Herr aller Herren endlich komme und in's Ganze dem
Leiden wehre! Daran denkt jetzt Niemand, und das er=
innert eben an dieses Wort des Herrn: meinest Du,
es werden auch viele Leute daran denken, daran glauben,
darum bitten? Dieses geht jetzt in Erfüllung: man redet
wohl davon, aber wenn man auf den Grund kommt,
so ist es ein leeres Gerede und kein wahrhaftiges Harren
dahinter und kein ernstliches Bitten, wie es der Herr
will. Nun, ihr Lieben, wir sind schon öfters darauf
gekommen, diese Bitte nicht aus dem Auge zu verlieren;
die Noth wird auch dazu drängen, — da wird man's
lernen, Tag und Nacht zu schreien.

Aber sollten wir denn nicht auch jetzt schon Tag
und Nacht rufen für seine Auserwählten? wie haben
sie's denn jetzt, wie fühlen sie sich? nicht anders, als
wie eine Wittwe in den Händen eines Widersachers,

der an ihr Gewalt übt und Eins um's Andre weg=
streitet, sie alles ihres Eigenthums entblößt und Alles
nimmt, so daß sie sich nimmer zu helfen weiß. Wer
ist denn die Wittwe, welche so bedrängt wird? Es ist
die Gesammtzahl der Auserwählten des Herrn, die
Kirche Christi, die Gemeine Gottes auf Erden. Denn
diese stellt sich jetzt als eine arme, verlassene, ihrer besten
Kleinodien beraubte Wittwe dar, bedrängt, verfolgt,
gequält vom Fürsten der Finsterniß, ihrem eigentlichen
Widersacher. Die Kirche des Herrn auf Erden eine
Wittwe, vom Widersacher verfolgt, beraubt, das ist
eine Grundwahrheit, welche wir gar nicht genug be=
denken, überlegen, beklagen und beweinen können! —
Eine Wittwe ist, die ihren Mann verloren hat: — nun
ist es wahr: der Herr hat gesagt, ich will euch nicht
Waisen lassen, und mit der Himmelfahrt des Herrn ist
die Gemeinde noch keine Wittwe geworden, denn sie stand
im innigsten Bunde mit ihm, er hat sich ihr kund ge=
geben durch Zeichen und Wunder, durch Kräfte aller
Art, welche eigentlich ihn ersetzten und statt seiner sollten
alle Glieder beleben und durchdringen. So aber ist's
nicht geblieben; die Gemeinde Gottes ist nach und nach
verarmt; durch Untreue aller Art ist der Herr de
Gemeinde immer weiter von ihr weggekommen und
der Teufel immer näher heran. Vieles ist geraubt
von all' dem Großen und Herrlichen, über das wir uns
nicht genug verwundern können, wenn wir's lesen, und
die Gläubigen, sofern sie noch treu sein wollen, wie
arm und elend, wie angefochten, wie wenig Macht und
Kraft gegen die Einflüsse der Finsterniß haben sie!

und wie viele Kinder wurden ihr geraubt, überschlichen,
und überwältigt von der geheimnißvoll wirkenden Macht
der Finsterniß, so daß die Wittwe, wenn sie ihre Aus=
erwählten wenigstens nach dem, wie sie sich von außen
darstellen, zählen will, über ihre Kinderlosigkeit klagen
und weinen muß. So klar dieses ist, so wenig nimmt
man's zu Herzen: man nimmt Alles sicher und kalt hin,
läßt Alles gleichgiltig fallen, kaum mehr eine Sehnsucht
kommt auf, und wo sie aufkommt, will man sie nicht
verstehen; die eigenen Kinder der Wittwe streiten sich
mit der Mutter, als hätte sie nichts eingebüßt und
keine Ursache, Wittwenkleider zu tragen. So denken
Viele, die doch noch von einem Heilande wissen, die
an ihn glauben oder es vorgeben; und so ist die Zahl
derer, die als eine Wittwe weinen und bitten, ach,
auf wenige beschränkt! Ja, es ist, als ob die Wittwe
ihre eigenen Kinder verleugnen wollte, es ist, als ob
die, die noch glauben und sich zum kleinen Häuflein
zählen, tausend Andere, die nicht auf gleicher Stufe
stehen, sondern allerdings weggeraubt sind, nicht aner=
kennen, nicht suchen, nicht wünschen wollten. Denn
man sehe doch die Menschheit an! Man kann Tausende
erblicken, die dem Feinde anheimgefallen sind und doch
zu Seinen Auserwählten gezählt sein sollten. Wer weint
darum? man versucht hie und da Etwas mit kaltem
Blut und nicht mit brüderlichem Geiste. Das ist der
Jammer, daß die Wittwe ihre Kinder eingebüßt hat,
und ihre Kinder, umhüllt von der Finsterniß, nicht mehr
erkannt werden. Aber was sollte denn der Wittwe
Erstes, Höchstes und Größtes sein? Darauf bezieht sich

die Bitte, daß der Herr möge drein sehen und ihre
Kinder herausfechten aus den Klauen des Bösewichts
und ihr ihre Herrlichkeit wieder geben. Die Bitte ist also:
Rette uns von unserm Widersacher!

1) Daß er die Kinder der Wittwe herausgeben
muß: unsere Brüder und Schwestern, die er gefangen hält;

2) daß er uns nicht mehr so plagen, quälen
und leiblich und geistlich so verderben darf;

3) daß uns die hohen geistlichen Güter wieder
geschenkt werden, darin wir (die Wittwe jetzt)
prangen könnten als die Braut.

1) Wir brauchen nicht besonders viel über die drei
Punkte zu reden, wir haben schon oft davon geredet —
am meisten über das Erste, daß der Herr der Wittwe
Kinder wieder retten möge. Schwer ist's jetzt, die
Auserwählten des Herrn wieder zu erkennen; aber wir
dürfen denken, daß eine große Zahl nur umnachtet ist
von der Finsterniß und sollte doch Theil haben an der
Gemeine Gottes. Das sollten wir bedenken und glauben,
sonst lernen wir nicht beten, kämpfen und arbeiten, wie
es recht ist. Wir müssen uns in dem Getriebe der
Weltmenschen eine große Schaar von Brüdern und
Schwestern denken, und für sie beten und priesterlich
uns für sie bemühen, daß sie hereinkommen, und nicht
verloren gehen. Dem Riesen soll sein Raub wieder genommen werden. Diese große Verheißung sollte uns
ermuntern, viel zu glauben, zu hoffen; der Rath des
Herrn muß doch bestehen, und darf der Starke keine
Seele gewinnen, die der Herr sich herausgewählt hat.

Nicht für uns allein sollen wir darum beten: wie
viele sind, da es ewig schade wäre, wenn sie verloren
giengen. Die Wittwe bittet also: rette mir heraus meine
geraubten Kinder!

2) Aber nun wollen wir auch vom Zweiten reden,
wie der Widersacher quält und peinigt. Es ist nicht
auszusprechen, welche Noth der Widersacher den ge=
raubten Kindern anthut; man sehe die vielen Plagen:
die Elenden, die Gebrechlichen, die offenbar „vom Teufel
übel Geplagten" unserer Zeit an! Wo ist Rath und
Hilfe? Wittwe, du bist zu schwach geworden! du bist
ein schwaches Weib, das sich nicht wehren kann! Nun,
willst du dir Alles gefallen lassen, willst du denn ge=
quält sein, kannst du deine Kinder so im Elend lassen?
Hast du bei Niemanden Mitleid, wenn du so herum=
gestoßen wirst? Ja, die des Herrn Jesu sich rühmenden
Kinder Gottes und die (heutigen) Frommen können sehr
gleichmüthig sein über allem, das der Teufel thut und
was der Widersacher fordert. Denn kaum können sie einen
Gang zum Richter wagen; sie gehen bis vor die Haus=
thüre, und kehren wieder um. Denn genau genommen ist
das doch Vieler Gebet; sie nehmen einen Anlauf, aber
sie kehren wieder um und kommen nicht in die Gegen=
wart des Richters. Man sieht die Elenden, läuft vor=
bei, ein ungläubiger Seufzer ist alles; wenn die, die
es verstehen, Mitleiden und Liebe und Glauben hätten
an das, was ihnen zugesichert ist, wahrlich, wie sollten
sie schreien, daß die Plagen weichen möchten!

3) So auch von der Armuth, in der jeder einzelne
Gläubige sich fühlt, an Kräften des heiligen Geistes.

Worinnen sind sie denn stark? in mancherlei Geschwätz,
darinnen sich manche hervorthun? — und dann was
hat man noch übrig an Kräften? Anders sollte die
Wittwe, die eigentlich Braut sein sollte, ausgeschmückt
sein; sie sollte besser hineinschauen können in die Herr=
lichkeit des Erbes; sie sollte nach allen Seiten hin
richtiger, beständiger, treuer handeln und wandeln können.
Die Gläubigen sollten von der Herrlichkeit des Ober=
hirten doch auch in Etwas einen Abglanz der Herrlich=
keit an sich spüren! O bete doch Jeder: rette mich von
meinem Widersacher, gib mir die Kleinodien heraus,
die abhanden gekommen sind!

Also nicht umsonst hat der Herr ein Gleichniß
gegeben; es thut Noth, daß Er's sagt. Denn nachdem
nun einmal die Gemeine Gottes von ihrer ersten Liebe
zurückgekommen, und wieder auf's Neue durchdrungen
war von Abfalls= und Abgrundskräften und zurück=
geschleudert von Gott, da kostet's Mühe, den Richter
zu bewegen, bis er sagt: „Ja!" — Mit Einer Bitte,
vorübergehendem Seufzen wird's nicht werden, wenn
die Auserwählten nicht lernen : „allezeit zu beten,"
unermüdet, unablässig anzuhalten und den Richter an=
zulaufen, bis Er helfen will. Eben darum, weil's so
viele Mühe kostet, und es scheint, als ob so viele Mühe
umsonst wäre, wird der Vater mit einem ungerechten
Richter verglichen. Denn es hat den Anschein, als ob
alles Bitten umsonst wäre: man kann jahrelang bitten
und oft scheint keine Erfüllung zu sein, — oder wenn
man Etwas merkt, so ist's noch lange nicht genug, wie
es noth thut. Es ist kein Wunder, wenn der Herr sich

so hart gegen uns stellt, als wollte Er uns ganz unserm
Widersacher überlassen und gar nicht freundlich sich be=
zeugen: Er ist gar zu viel gekränkt, betrübt; auch über
dem, wie jetzt seine Gemeinde sich vor Ihm darstellt,
wenn man bedenkt, wie wenig Lauterkeit besteht und
wie wenig auch Gläubige lauterlich in Furcht vor ihm
wandeln und brünstige Liebe alles Fleischliche wegschafft.
Dann kann man begreifen, daß in den drei großen Bitten
nicht „nur geschwind" der Himmel sich aufthut; es
kostet Zeit, Anfechtung, gewaltigen Kampf: wie es einer
Wittwe etwa gehen mag vor einem menschlichen Richter.
Da heißts: es hilft dich Nichts, du hast kein Recht, du
willst zu viel, bist ein beschwerlich Weib, bist lästig, bist
hoffärtig, stolz u. s. w. So wirst du arme Wittwe
jetzt auch angeschnaubt; das spürt jeder, der nur an=
fangen will zu bitten um diese Dinge. Das Herz und
der Teufel nicht nur sind's, die einflüstern: Es ist zu
viel! sondern Andere, Wohlmeinende tadeln. Lasse da=
rum nicht ab! Sogar der ungerechte Richter wird
sich lassen bewegen, — wie viel mehr der Vater im
Himmel! Zuletzt kommt's schnell! Wenn auch der
Vater ein ungerechter Richter scheint, — bald, bald
wird's doch kommen und man wird Nichts zu sagen
wissen, als Lob und Dank Dem, der seine große Freund=
lichkeit aufgethan hat, und Hilfe erzeigt dem gefangenen
Israel.

Mögen die drei großen Bitten in uns einge=
graben werden, daß wir nirgends sie vergessen und
in allen Bitten daran denken und durch Nichts irre
werden: es wird euch nicht gereuen. Wenn die große

Jammerzeit anfängt, und der Widersacher auf's Neue
raubt, was geschenkt war, bis der Herr selbst dazwischen
kommt — da werden's Wenige glauben, daß auf das
Bitten der Wittwe hin das Zeichen des Menschensohns
am Himmel kommen wird. Da werden nur Wenige
bitten; aber das Gebet der Schwachen hat ein großes
Gewicht im Bunde mit einander, und endlich kommt
der Herr doch und bleibt Sieger in dem Streit in
alle Ewigkeit! Amen.

———

Der 1. Satz (151, 1–3)

Der Prediger verknüpft mit einem »hier« den Anfang der Predigt mit dem Schriftabschnitt. Er gibt zu erkennen, daß seine Predigt den Schriftabschnitt weiterspricht.

Zugleich ist »hier« eine Ortsbestimmung: Der Prediger gibt einen Ort an, an dem für die Angeredeten etwas geschieht. Er bezieht sich also nicht nur formal in einer Anknüpfung auf den Schriftabschnitt, er bezeichnet ihn auch als einen Ort, von dem für die jetzt Angeredeten etwas ausgeht. Die Angeredeten werden sofort genannt: in »uns«, in der Formel »in Christo Jesu geliebte Brüder und Schwestern«, in einem »wir«. So bringt der 1. Satz der Predigt die Angeredeten sogleich nach vorn in die unmittelbare Begegnung. Der Schriftabschnitt, der mit dem »hier« aufgerufen ist, und die Gemeinde werden miteinander verknüpft. Dabei ist die Gemeinde in der Form der Passivität und der Konsekution: aus dem Schriftabschnitt soll etwas an der Gemeinde geschehen, so daß diese etwas Bestimmtes tun kann. Mag die Formulierung »in Christo Jesu geliebte Brüder und Schwestern« traditionelle Predigtsprache widerspiegeln, so ist sie sachlich nicht gleichgültig: sie zeigt die Gemeinde durch ein Übergeordnetes bestimmt und dieses wieder in einer eindeutigen Weise: Sie ist Gemeinde, weil sie von Jesus Christus geliebt ist.

Damit ist eingeführt, was jetzt als das eigentliche Charakteristikum des 1. Satzes der Predigt genannt werden muß: Es ist Jesus Christus selbst, der mit diesem Schriftabschnitt in einer bestimmten Weise handelt. So führt ihn der Prediger ein. Jesus Christus erscheint sofort im 1. Satz als das eigentliche Subjekt der Predigt. Er will an den Angeredeten jetzt etwas tun. Daß er mit der »lieber Heiland« bezeichnet wird, steht gewiß ebenfalls in einer bestimmten Tradition, ist aber in dieser Formulierung nicht unwesentlich: »lieb« und »Heiland« enthalten von der Sprachgestalt sofort eine Beziehung zum Hörer. Als das Tun Jesu Christi wird die Aufmunterung zum nicht erlahmenden Gebet angegeben. Der Schriftabschnitt ist also das Medium, das Jesus Christus als der »liebe Heiland« benutzt, um die Gemeinde zu einer ihr eigentümlichen Tätigkeit zu erregen. Sein Tun wird als »ein Wollen« angegeben, das jetzt geschieht. Hier ist kein Anflug von Vergangenheit.

In der Bestimmung des angestrebten Tuns der Gemeinde übernimmt der Prediger die Formulierung des Schriftabschnittes in der Lutherschen Übersetzung. Nur wendet er das »man« sofort ins »wir«, fügt noch ein »doch« hinzu und verstärkt so die Anrede: »daß wir doch allezeit beten und nicht laß werden sollen«. Der Prediger gibt den Angeredeten die geprägte Formulierung des Schriftabschnittes weiter als eine Form, in der sie das bei ihnen erwartete Tun festhalten können.

Fragen wir nach der Rolle des Predigers in diesem 1. Satz der Predigt, so erkennen wir ihn als den, der als Diener Jesu Christi Schriftabschnitt und Hörer neu verbindet, ein bevorstehendes Geschehen, eben »Aufmunterung«, ankündigt und dieses Geschehen als eine jetzt bevorstehende Handlung Jesu Christi bestimmt. Die Hörer erscheinen als vom Text und damit von Jesus Christus gemeint. Die Floskel »in Christo Jesu geliebte Brüder und Schwestern« bekommt durch das sprachliche Umfeld eine nähere Bestimmung. So ist es, wenn Jesus Christus liebt: Menschen bekommen eine Aufmunterung zum nicht ermüdenden Gebet.

Teil I (152,1–153,26)

Auch das Thema des Gleichnisses, eben das Gebet, war bereits im 1. Satz genannt worden. Mit ihm erfährt die Predigt nun ihre Fortsetzung. Der Prediger erwägt in den folgenden Sätzen die Aussagen des Schriftabschnittes über das Beten. Er führt den Text näher an die Hörer heran. Er nimmt eine genauere Beschreibung des Ortes vor, den er im Eingang mit dem »hier« benannt hat. Er stellt zunächst eine erste Erklärung des »allezeit beten« vor, in der unpersönlichen Rede des »man könnte«, um dann mit einem betonten »aber« dem Text – jetzt aus den Schlußversen des Schriftabschnittes – noch deutlichere Kontur zu geben: 152,4: »Aber der Text sagt ...« Der Text ist es selbst, der den Hörern ein genaueres Verständnis des Betens vorstellt: nicht nur ein ununterbrochenes Beten ist gemeint, sondern auch ein nicht ermüdendes, wobei der Ausdruck »Nacht« die Möglichkeit von Ermüden und Aus-den-Augen-Verlieren anklingen läßt. In dieser vertieften Bestimmung des Betens führt der Prediger auch wieder das »wir« ein – gegenüber dem »man« –, wir sagen: hier ist die Gemeinde in die ihr angemessene Form des Betens eingewiesen. Aber zugleich kann er mit diesem »wir« auch der Erfahrung von Nachlassen und Vergessen im Gebet der Hörer Ausdruck verleihen. Er selbst ist in diesem »wir« eingeschlossen.

Mit einem »aber« treibt der Prediger die Bewegung des Textes auf die Hörer, oder anders: die Einweisung der Hörer in den Ort des Textes, noch weiter. Er stellt die Frage nach dem Gegenstand des hier gemeinten Betens.

Zunächst beginnt er wieder mit einem ersten, sozusagen geläufigen Verständnis. Wieder erscheint dabei eine allgemeine Formulierung: »viele Leute«. Er nennt als Gegenstände des Betens »äußeres Fortkommen«, »ewige Ruhe«, »sich selbst«, »Freude«, »Anliegen«. Der Prediger schließt diese kurzen Angaben, mit denen er in Erinnerung ruft, nicht mit einer Verurteilung ab, wie es zunächst den Anschein haben könnte. Betont spricht er ein Lob aus, das sich sprachlich an die Form des Selig- und Glücklichpreisens der Bibel anlehnt, und gibt gleichzeitig, in vorsichtig formulierter Frageform, der Hoffnung auf Erfüllung dieser Gebete Ausdruck. Er bestätigt damit dieses Beten. Mit einem weiteren »aber« an der Spitze eines neuen Satzes, mit hinzugefügtem »doch im Ganzen«, das die Betonung und die Weiterführung noch unterstreicht, gibt er dem Text in dem erneut auftauchenden »hier« des 1. Satzes noch einmal das Wort: Das Beten der »Christen« – hier ist wieder das »wir« gegenüber den »Leuten« – soll weiter reichen. Das geläufige Beten – jetzt zusammengefaßt »als auf die eigene Seele« gerichtet – wird weitergeführt. Der Prediger greift dazu auf den Schluß des Schriftabschnittes: in ihm werden der eigentliche Ort und das eigentliche Ziel des Betens der Gemeinde angegeben: eine Zeit, die »die allerschwerste« genannt wird, und ein Ziel, das mit der »endlichen Erlösung der Kreatur von ihren Banden und Ketten« bezeichnet wird. Der Kenner der Verkündigung des älteren Blumhardt erkennt einen seiner bevorzugten Ausdrücke. Blumhardt entnimmt ihn hier aus dem Stichwort im Text: »retten«, das er dann sogleich in »heraushelfen« variiert – und mit Komplementärausdrücken wie »Jammer«, »betrübte Lage«, »Erlösung« anreichert. Er zitiert fast wörtlich: »Sollte Gott nicht retten seine Auserwählten« und fügt seine Entfaltung an. Wir werden hier zu notieren haben, daß für Blumhardt mit der Rettung der Auserwählten die endliche »Erlösung der Kreatur von ihren Banden und Ketten« gemeint ist. Wir werden dies im Weiteren verfolgen müssen.

Wir finden bereits eine erste nähere Erläuterung dafür in dem nochmaligen Einbringen des Textes: Das Gebet der Gemeinde hat es zu tun mit dem Kommen des Herrn, und hier schließt Blumhardt erklärend an: »welches allem Elende ein Ende macht«. Wir können also noch genauer sagen, daß seine Auffassung vom Kommen Jesu Christi die »endliche Erlösung der Kreatur von ihren Banden und Ketten« miteinschließt und also an dieser Stelle miteingetragen werden kann.

Blumhardt hat in diesen Sätzen stark dem Text das Wort gegeben, und darin – das ist jetzt festzuhalten – auch der betonten Nennung des Namens Gottes. Noch ist im Gesamten von dem Ort und dem Ziel des Betens der Gemeinde die Rede. Aber indem der Prediger hier Zug um Zug die Aussagen des Schriftabschnittes zu Wort kommen läßt, wird auch bereits das Handeln Gottes aufgerufen. Das Gebet der Gemeinde ist bezogen auf ein Tun Gottes. Weil dieses Tun Gottes angesagt wird, erhält auch das Gebet der Gemeinde seinen festen Bezugspunkt. Diesem Namen Gottes gibt die Predigt im Folgenden mehr und mehr Raum, in der bereits beobachteten Form der Gegenüberstellung und Überholung. Noch einmal wird die geläufige Form des Betens benannt, das für »die eigene Seele«: jetzt in einer Formulierung, die noch stärker den Hörer hineinzieht, eben in der Form der direkten Rede: »wenn nur ich gerettet werde, wenn nur ich mein Heil gefunden habe«. Das heißt m. a. W.: Du bist der Mann. Dagegen betont – wieder mit »aber«: »der Herr aber möchte uns noch weiter führen«. Hier ist die im 1. Satz angekündigte »Aufmunterung« eingelöst in einer ersten sprachlichen Formulierung: Jesus Christus ist es jetzt, der mit der Gemeinde ringt, der ihr geläufiges Beten nicht verwirft, der es aber aus seiner Beschränktheit herausführen möchte. In zwei knappen Gegenüberstellungen wird dies ausgeführt, die durch »nicht allein« bzw. »nicht nur« und »sondern« verbunden sind. Ein Gebet, das auf das Kommen Jesu Christi bezogen ist, kann nur »die Andern«, wie es heißt, »die ganze Kreatur« miteinschließen. Denn sein Kommen bedeutet »in's Ganze dem Leiden wehren«.

Der Prediger sieht die Aussage des Textes, die voll Bangen nach dem Glauben auf Erden fragt, bestätigt: Dieses umfassende Denken, Bitten, Glauben, das im Ausschauen auf das Kommen Christi die ganze Welt einbezieht, ist jetzt erloschen: »Daran denkt jetzt niemand.« Das ist ein knapper Satz, der viel enthält. Darüber darf ein Reden davon nicht hinwegtäuschen. Der Prediger bezieht Stellung. Er behauptet, wenn man diesem Reden vom Kommen des Herrn für alle Welt auf den Grund ginge, sei es ein »leeres Gerede«, dem keine entsprechende Haltung im Warten und Bitten entspräche. Eine Ausnahme scheint er zu machen: Indem er sich mit »ihr Lieben« betont an die Hörer wendet, gibt er zu erkennen – dies auch durch das »wir sind schon öfters darauf gekommen« –, daß hier in Möttlingen ein solches Ernstnehmen des Kommens Jesu Christi zur Erlösung der ganzen Kreatur jedenfalls neu begonnen hat – und er sieht eine bemerkenswerte Situation vor sich, in der dieses Ernstnehmen gefördert wird: »die Not wird auch dazu drängen«. Das wahre Gebet der Gemeinde, das um das Kommen des Herrn zur Erlösung der Kreatur bittet, wächst in der Not, jedenfalls kann diese Not, wie das »auch« andeutet, dieses Beten befördern.

Diese Not ist für den Prediger noch nicht da. Anders ist seine Anknüpfung im Fragesatz mit dem betonten »aber«, »auch jetzt schon« nicht zu verstehen. Er treibt den Gang seiner Predigt weiter, indem er ein neues Stichwort des Schriftabschnittes aufruft: »seine Auserwählten«, und es mit zwei weiteren – wie wir sehen werden, den zentralen des Textes in Verbindung setzt: der Witwe und dem Widersacher. Das »Wir« der Gemeinde, das jetzt neu benannt wird und das in naher Beziehung zu den gerade angesprochenen »Lieben« steht, wird eingeladen, für die Auserwählten zu schreien, und damit in eine weitere Entfaltung der »Aufmunterung« Jesu Christi überführt. Die Auserwählten aber werden neu durch die zentrale Figur des Gleichnisses, die Witwe, bestimmt, und diese wiederum durch »in den Händen eines Widersachers«. In schneller Folge wird hier eine Spannung von hoher Kraft hergestellt: auf der einen Seite: »seine Auserwählten«, auf der anderen Seite »eine Witwe in den Händen eines Widersachers«. Größer kann der Gegensatz nicht sein. Der Prediger treibt ihn noch weiter, indem er Schlag um Schlag anfügt: »der an ihr Gewalt übt«, »Eins um's Andere wegstreitet«, »sie alles ihres Eigentums entblößt«, »alles nimmt« und als Summe: »so daß sie sich nimmer zu helfen weiß«. Der Prediger entfaltet also durch seine Hinzufügungen, was dieses heißt: »eine Witwe in den Händen eines Widersachers«. Sofort schließt er mit kurzem Fragesatz, der für den Hörer spricht, die spannungsvolle Gleichsetzung an, lauter Ehrenprädikate: »Gesamtzahl der Auserwählten des Herrn«, »Kirche Christi«, »Gemeine Gottes auf Erden«. Der Prediger arbeitet mit der betonten, fast schroffen Gegenüberstellung. Er setzt noch einmal an, um es ja fest einzuprägen in der direkten Ineinssetzung: »diese ... stellt sich jetzt dar ..., Die Kirche des Herrn auf Erden eine Witwe, vom Widersacher verfolgt, beraubt« und gibt dieser Aussage das Prädikat »Grundwahrheit«, die alle Aufmerksamkeit der Gemeinde beanspruchen muß. Dabei führt der Prediger bereits eine Auslegung der Figur des Widersachers ein, indem er vom »Fürsten der Finsternis« als dem »eigentlichen Widersacher« spricht. Als das entsprechende Verhalten der Gemeinde auf die »Grundwahrheit« werden eine bezeichnende Vielfalt von Reaktionen genannt: »bedenken«, »überlegen«, »beklagen«, »beweisen«.

»Eine Witwe ist, die ihren Mann verloren hat« – der Prediger setzt jetzt an, einzelne Züge an der zentralen Figur des Gleichnisses gewissermaßen für seine Predigt auszubeuten und diese dadurch reich zu machen. Er erwägt, ob von der Gemeinde Jesu Christi mit Recht gesagt werden könne, daß sie eine Witwe sei, wo doch ein klares Wort des Herrn dagegenstehe und die Himmelfahrt Christi gerade nicht als Verlassen, sondern als Eröffnen der Zeit des Geistes und der Begabung der Gemeinde zu verstehen sei. Der Prediger zeigt sich hier im Gespräch mit der Schrift, er überläßt sich nicht vorschnell einem einzelnen Text, so wie er sich auch als im Gespräch mit der Gemeinde und deren Auffassungen von Gebet gezeigt hat. Er zitiert auch das Widerstrebende. Die apostolische Zeit steht ihm als besondere Zeit vor Augen. Er spricht ausdrücklich von »all dem Großen und Herrlichen, über das wir uns nicht genug verwundern können, wenn wir's lesen«. Danach aber sieht er einen Bruch oder besser: eine langsame Veränderung. Betont heißt es: »So aber ist's nicht geblieben ...« Der Witwenstand der Gemeinde Jesu Christi ist nach Blumhardts Auffassung durch deren Untreue hervorgerufen. Dadurch hat sich Gott mehr und mehr von ihr entfernt und ist der Teufel mehr und mehr über sie mächtig geworden. Der Prediger sieht die Gemeinde »verarmt«, er mißt dies an dem Einfluß, den ihre Glieder gegen die Kräfte des Bösen und Zerstörerischen haben. Im Blick auf die Apostelzeit kann Blumhardt nur eine weitgehende Veränderung der Gemeinde feststellen. Es ist bezeichnend, daß zweimal das Wort Kraft auftaucht, daß Blumhardt von Zeichen und Wundern spricht. Das Sein der Gemeinde ist ihm keineswegs nur ein Sein der Erkenntnis oder der Sitte. Das Sein Gottes ist ihm nicht ein fraglos Gegebenes, sondern hier behauptet er mit der betonten Herausstellung der Witwenschaft der Gemeinde Gottes Abwesenheit: »durch Untreue aller Art ist der Herr der Gemeinde immer weiter von ihr weggekommen« (154, 23–24).

Ein weiterer Zug im Bild der Witwe wird danach ausgebeutet: eine Witwe hat nicht nur keinen Mann, sie hat ebenfalls Kinder verloren. Das ist kein durch das Bild zwingend nahegelegter Schluß, aber der Prediger weitet die Hilflosigkeit der Witwe dahin aus, daß sie ihre Kinder nicht bei sich halten kann, weil ihr der Mann fehlt und sie in die Hand ihres Widersachers geraten ist. Die »Kinderlosigkeit« der Gemeinde wird als Folge der Abwesenheit Gottes und der Anwesenheit der »Macht der Finsternis« gesehen, »Klagen und Weinen« ist darum das angemessene Verhalten der Gemeinde. Das Gleichnis und die Rede von der Gemeinde gehen jetzt ineinander über: die »Witwe« steht für die Gemeinde und der Widersacher wird direkt mit »der geheimnisvoll wirkenden Macht der Finsternis« bezeichnet. Wir werden die Variationen an dieser Stelle zu beachten haben, um nicht einer vorschnellen Festlegung zu erliegen. Der Prediger spricht bei dem Widersacher Gottes und der Gemeinde einmal vom »Teufel«, dann von den »Einflüssen der Finsternis«, dann von der »geheimnisvoll wirkenden Macht der Finsternis«. Wir notieren dies hier erst einmal, um auf spätere Bestimmungen an diesem Punkt, um vor allem auf entsprechende Aussagen im Blick auf die Menschen und die Gemeinde zu achten.

Zunächst aber geht der Prediger der mangelhaften Reaktion auf die »Kinderlosigkeit« der Kirche nach. Scharf wird seine Sprache, in kurzen Sätzen im »man«-Stil – der, wie wir bereits sahen, die unangemessene Haltung bezeichnet, der Wir-Stil dagegen die angemessene – wird die Gleichgültigkeit der Kirche über den Verlust von vielen Menschen festgemacht, die sogar so groß geworden ist, daß sie aufkommender »Sehnsucht« mit Unverständnis begegnet und die Rede von der Witwenschaft der Kirche bestreitet. Im Bild: Die Kinder verwehren es der eigenen Mutter, Witwenkleider zu tragen. Sie versuchen ihr einzureden, sie hätte keine Kinder verloren. Das für den Prediger Bittere ist, daß so Menschen sprechen, die »noch von einem Heiland wissen, die an ihn glauben«, aber er schränkt es bereits ein und gibt damit seinen Protest zu erkennen: »oder es vorgeben«. Ein Glaube an Jesus Christus, der nicht mit der Gemeinde um die verlorenen Kinder weint, ist für ihn kein lebendiger Glaube. Er sieht, gemessen an diesem Kriterium, nur eine kleine Zahl von Glaubenden. Wir gehen sicher nicht fehl, wenn wir in diesem »will man sie nicht verstehen«, in diesem »streiten« das Unverständnis und die Bekämpfung sehen, die Blumhardt zeit seines Lebens erfahren hat, so sehr er sich – nach Aussagen seines Sohnes: zu sehr – im Rahmen und in Übereinstimmung mit der offiziellen Kirche gehalten hat. Aber die Untertöne sind nicht zu überhören.

Wir werden in den Stichworten »Sehnsucht« und »wenige« Hinweise auf die Gemeinde in Möttlingen erkennen.

Nun aber dreht der Prediger noch einmal die zentrale Figur, er beutet sie in der Tat aus: er sieht eine falsche Haltung nicht nur bei den Kindern der Witwe, sondern bei dieser selbst: sie verleugnet selbst ihre Kinder. Ohne Gleichnis heißt dies, daß die Kirche viele Menschen faktisch aufgegeben hat, jedenfalls nicht im Tiefsten erkennt, was mit ihnen geschehen ist, daß sie »weggeraubt«, »dem Feind anheimgefallen sind«. Er sieht auch in dem »kleinen Häuflein« die Tendenz, andere Menschen abzuschreiben, eine Tendenz, die dann beim Sohn in starkem Protest gegen einen selbstsüchtigen und selbstzufriedenen »Boller Geist« formuliert worden ist: »Sterbet, so wird Jesus leben!« So scharf die Kritik an der Kirche ist (»sicher«, »kalt«, »man nimmt es hin«, »mit kaltem Blut«, »gleichgültig«), so wenig kommt es auf das Sonderbewußtsein der kleinen Gruppe der Habenden heraus: da gelten nur Stichworte wie »Sehnsucht«,

»weinen und bitten«, da kann der Prediger selbst nur im Ton der Klage sprechen: »ach, auf wenige beschränkt!«, »Wer weint darum?«.

Wir sollten beachten, welche Leistung es ist und was sie für das Predigtgeschehen austrägt, daß der Prediger ununterbrochen im Bild des Gleichnisses bleibt. So sehr er direkt Erfahrungen mit der Kirche und mit den Menschen einträgt, so sehr bleibt er bei dem Leitwort »Witwe« und »Kinder«. Dies erlaubt ihm in ganz anderer Weise, Zusammengehörigkeit und Trauer über die Trennung auszudrücken. Er verhandelt – wenn Sie so wollen – Probleme der Kirche und ihrer Sendung, Probleme der Mission, der Seelsorge und der Diakonie, Probleme des Weltverhältnisses der Kirche und der Kritik in der Kirche eben nicht in den Worten, wie ich sie gerade gebrauche, sondern er bleibt bei dem lockenden, rufenden Bild von der Witwe und ihren Kindern. Das prägt sich erstens als ein einfaches Bild ein und es hat zweitens in sich die Kraft, auf die Überwindung der darin festgehaltenen Not hinzuweisen. Für die Predigt sind solche Entscheidungen über den Sprachstil von großer Wichtigkeit – oder eben die Nichtentscheidungen, die einfach die Sprache der Zeitung, der kirchlichen Verlautbarungen, der Diskussionen in die Predigt hineinlaufen lassen. Daß hier bei Blumhardt nicht eine Schlichtheit vorliegt, die der Reflexion nicht fähig ist, zeigen z. B. seine vielen, genauen Stellungnahmen zu Problemen der Welt und der Kirche in den »Blättern aus Bad Boll«.

Teil III (155,29–158,12)

Nach einer Zusammenfassung des Gesagten »Das ist der Jammer ...« treibt der Prediger weiter – über eine Frage, was darum »der Witwe Erstes, Höchstes und Größtes« sein soll – nun steuert er auf den Textabschnitt zu, den er im Zentrum sieht, auf das Gebet: »Rette mich von meinem Widersacher!« Er weiß, daß der gesamte Abschnitt vom Gebet handelt, also greift er im Gleichnis jetzt eben das dort vorkommende Gebet heraus. Das Gleichnis wird also nicht nur formale Hilfe, sondern ist auch inhaltlich maßgebend. Wir haben dies bereits in der Einzeichnung der Gemeinde in die Figur der Witwe gesehen, der Menschen in die Kinder der Witwe, Gott in den entfernten »Mann« der Witwe, jetzt soll auch das Gebet der Gemeinde durch das Gleichnis seine Ausrichtung bekommen. Es ist Gebet um Rettung. Es ist Gebet angesichts eines Widersachers, es ist Gebet um ein Tun Gottes. Blumhardt wandelt den hier angesprochenen Textabschnitt sofort in den Plural um, behält die sonstige Formulierung aber bei: die Gemeinde soll sich in diesem Ruf der Witwe wiedererkennen. Sie ist gut daran, wenn sie sich an diese Formulierung hält, weil sie in der Formulierung eben auch die Wahrheit hat, um die es hier geht. Die Hörer werden vom Prediger Schritt für Schritt nicht nur in die Gestalt der Witwe hineingeführt, sondern eben auch in deren Schrei.

In drei Daß-Sätzen entfaltet der Prediger diese zentrale Bitte: im Herausgeben der gefangenen »Brüder und Schwestern«, im Nachlassen der Plage und Verderbnis der Menschen, in der Erneuerung der Kirche in ihrem Stand als Braut Jesu Christi.

Blumhardt kann dem Bild der Witwe noch einmal einen Zug abgewinnen: eben den der Braut. Damit ist ohne Frage auf das Kommen Jesu Christi als des Bräutigams hingewiesen, aber auch auf die damit verbundene Herrlichkeit der Kirche, wie sie das Bild der Braut nahelegt: eine Braut prangt.

In den drei Entfaltungen der Bitte wird deutlich, wie sehr der Prediger das gegenwärtige Sein der Kirche beeinträchtigt sieht, eben in der Hand des »Widersachers«. Das zeigt sich für ihn in der großen Zahl der Menschen, die sich nicht zu Jesus Christus halten. Das zeigt sich für ihn in den Qualen und Plagen leiblicher und geistlicher Art, die er beide nennen muß, weil er nicht eins vom andern trennen oder eines niedriger bewerten kann. Das zeigt sich schließlich in dem Fehlen »hoher geistlicher Güter« bei der Kirche.

Die Predigt folgt dieser Dreiteilung, am Ende wird ausdrücklich von den »drei großen Bitten« gesprochen (159,27).

Blumhardt ruft in Erinnerung, daß diese drei Punkte in Möttlingen schon oft beredet worden sind, vor allem der erste über die Rettung der Verlorenen. Die Predigt steht also in einer zentralen Linie. Sie kennt das Moment der Erinnerung und Befestigung. Das setzt sie jetzt fort; auch darin ist sie »Aufmunterung« Jesu Christi.

Sie setzt ein bei der Schwierigkeit, die der Prediger kennt – jedoch nur in einem Halbsatz: »Schwer ist's jetzt, die Auserwählten des Herrn wieder zu erkennen: aber ...«. Hier hätte Entfaltung nahe gelegen, aber der Prediger hat ein anderes Thema, die »Aufmunterung«, die Einführung in das zentrale Gebet der Gemeinde. Er setzt an im Denken: »aber wir dürfen denken ...«, oder: »Das sollten wir bedenken und glauben«, oder: »wir müssen uns ... denken«. Hier sieht er den Durchbruch, der nötig ist: In der richtigen Erkenntnis. Sonst ist richtiges Beten, Arbeiten und Kämpfen nicht möglich. Es geht Blumhardt darum, daß eine »große Schaar von Brüdern und Schwestern« gesehen wird, die an der Gemeinde Gottes teilhaben sollen. Er spricht von »hereinkommen«, von »nicht verloren gehen«. Er schildert ihren jetzigen Zustand mit »umnachtet von der Finsternis«, »im Getriebe der Weltmenschen«. Den Grund für seine hoffnungsvolle, für seine weitgreifende Sicht gibt Blumhardt in einer Reihe von Sätzen an, die deutliche Hinweise auf Weissagungen der Schrift enthalten: »Dem Riesen soll sein Raub wieder genommen werden« – dieser Satz wird ausdrücklich als »diese große Verheißung« bezeichnet. Dann folgt: »der Rath des Herrn muß doch bestehen«, »der Starke darf keine Seele gewinnen, die der Herr sich herausgewählt hat«.

Wir stehen vor einem dichten Geflecht von zusagenden Sätzen, die die Grundlage für das weitausgreifende Gebet der Kirche und die entsprechende Verhaltensweise darstellten. Woher kommen sie? Kann eine direkte Zitation bemerkt werden? Jes. 49, 24 + 25 a bietet sich an:

»Kann man auch einem Riesen den Raub nehmen? oder kann man dem Gerechten seine Gefangenen losmachen? Denn so spricht der Herr: Nun sollen die Gefangenen dem Riesen genommen werden, und der Raub des Starken los werden« (Luther, zeitgenössische Revision).

Ps 33,11 klingt an: »Der Rath des Herrn bleibt ewiglich.«

Der Prediger bringt in eigenständiger Zusammenstellung und Formulierung eine sprachlich dichte Erinnerung an Verheißungen der Schrift. Er ruft sie nur kurz auf, er setzt sie voraus, er kann jetzt aus ihnen entnehmen, was ihm an dieser Stelle wichtig ist: das weitausgreifende Gebet der Gemeinde und ihre starke Hoffnung für viele Menschen. Die Verbindung zu diesen Verheißungen ist über die Linie »Widersacher« – »Riese«, »Starker« zu sehen. Blumhardt erkennt diese Gegenmacht aus anderen Stellen der Schrift – und auch deren angekündigte Überwindung. Das macht er für den Predigttext fruchtbar, als Unterstützung für das geforderte Beten.

Wir können auch anders sagen: Der Prediger wird als ein solcher sichtbar, der in der Schrift lebt und dessen Sprache somit ungezwungen von biblischen Anklängen geprägt ist, die aber eben damit – in ihrer geprägten Form! – die Zusage und den Klang der Gewißheit in die Predigt tragen. Und diese Gewißheit schlägt sich nieder in der Folge von Wir-Sätzen, die das der »großen Verheißung« entsprechende Tun der Gemeinde aussagen. Der Prediger spricht es der Gemeinde vor: »wir müssen denken..«, »das sollten wir bedenken und glauben...«, »wir müssen uns in dem Getriebe ... denken, ... für sie beten und priesterlich uns für sie bemühen«.

Im Hintergrund der Verheißung und dem darauf antwortenden Tun der Gemeinde steht aber das Tun Gottes, das der Prediger betont ansagt: »der

Rath des Herrn muß doch bestehen...«, »die der Herr sich herausgewählt hat«. Mit ihm rechnet der Prediger. Das ist ihm letzte Gewißheit. Sie ist für ihn im Wort der Schrift festgemacht, das er in eigener Verantwortung weitergibt, um daraus – sich selbst einschließend – die Konsequenz für die Gegenwart zu bezeichnen. Die Gemeinde, die er hier predigt, ist eine priesterliche Gemeinde mit großer Hoffnung für die Welt. Es ist eine kämpfende Gemeinde, die an der Erwählung und an dem Tun Jesu Christi Anteil nimmt.

So kann der Prediger noch einmal zusammenfassend abschließen, daß das Gebet dieser Gemeinde, die jetzt als Witwe lebt, vielen Menschen gilt. Hat die Gemeinde ihren Witwenstand begriffen, dann kann dies als positive Konsequenz nur das Schreien für viele Menschen sein, die zu ihr gehören.

Blumhardt wendet sich darauf der zweiten Entfaltung der Bitte der Gemeinde zu: der Erkenntnis der Qual der Menschen unter dem Einfluß des Widersachers. Mit besonderer Betonung lenkt er den Blick seiner Hörer auf die Nöte der Menschen. Aber er tut es nicht distanziert, nicht feststellend, nicht fordernd, sondern wie einer, dem es zu viel wird, der darunter leidet, der es nicht ertragen kann: »Es ist nicht auszusprechen, welche Noth« – so beginnt er und spricht dann ganz allgemein von den »Elenden«, »Gebrechlichen«, den »offenbar vom Teufel übel Geplagten unserer Zeit«. Der Anklang an Matth. 15,22, ist nicht von ungefähr, wo die kanaanäische Frau ruft: »Ach Herr, du Sohn Davids, erbarme dich mein! Meine Tochter wird vom Teufel übel geplagt.« Dadurch läßt Blumhardt die Not der Menschen seiner Zeit in Entsprechung zur Not der Menschen sehen, die an Jesus herangetragen wurde. Er sieht die gleichen Vorgänge in seiner Zeit, er braucht in der Gemeinde in Möttlingen, wo diese ans Tageslicht kamen, nur eine kurze Andeutung. Hier ist es vor aller Augen. Um so entschiedener kann er seinen Angriff auf die Kirche fassen, vorgetragen zunächst in direkter Anrede an die »Witwe«, ob sie ihre Schwäche und das Elend ihrer Kinder weiter so hinnehmen will, dann aber in der Feststellung der Gleichgültigkeit der Frommen gegenüber diesem Elend. Blumhardt mißt die Stärke und damit die Qualität der Gemeinde daran, wie weit sie sich von dem sie umgebenden Elend beeindrucken und in das ihr anbefohlene Tun treiben läßt: »wahrlich, wie sollten sie schreien, daß die Plagen weichen möchten«. Der Prediger deckt eine eigentümliche Halbherzigkeit der Gemeinde auf. Er tut es wieder mit dem Bildmaterial des Gleichnisses: Im Gegensatz zu der Witwe dort erscheint die Gemeinde der Gegenwart zögerlich, »ungläubig«, ohne Glauben an das, was ihr zugesichert ist. Blumhardt sieht in der Gleichgültigkeit der Kirche, die durchaus mit einem »Rühmen des Herrn

Jesu« Hand in Hand gehen kann, ein mangelndes Ernstnehmen Gottes. Gott ist ihr nicht mehr Richter, der allem Unrecht ein Ende machen kann. Die Predigt stellt hier letzte Fragen an die Theologie, an das Gottesbekenntnis der Gemeinde. Im Bilde gesprochen: Es ist eine kurzatmige Theologie und eine entsprechende kurzatmige Lebenspraxis. Es ist eine Theologie und eine Haltung, die vor der Haustür Gottes umkehrt. Das Ernstnehmen des Elends in ein unaufhörliches Schreien und Bedrängen Gottes hinein ist für Blumhardt der Wahrheitsbeweis der Gemeinde. Die Kirche, die hier nachläßt, hat nicht verstanden, auf wen sie bezogen ist. Sie begreift nicht, daß Gott darauf wartet, dem Elend ihrer Kinder in aller Welt eine Ende zu machen. Aber in allem ist es ein Aufruf ins Gebet, nicht ins Tun. Blumhardt erwartet alles vom Schreien der Gemeinde, das die endgültige Hilfe Gottes ernstnimmt.

So kommt es zur dritten Entfaltung der Bitte, die der Begabung mit den Kräften des Heiligen Geistes gilt. Erst jetzt kommt Blumhardt auf die Armut des einzelnen Gläubigen zu sprechen. Hier wendet er die angekündigte Verbindung Witwe – Braut an und spricht von »Kleinodien«, die die Gemeinde sich zurückerbitten soll, er spricht von der Herrlichkeit der Gemeinde, um die jeder bitten soll. Worin sieht er sie? Er setzt zunächst einen schroffen Gegensatz: Nicht Geschwätz – sondern Kräfte. Diese Kräfte, die den Schmuck der Gemeinde ausmachen, sieht er in der Ausrichtung auf die Vollendung und in einem damit gegebenen Handeln »nach allen Seiten«. Der Blick auf das endliche Tun Gottes öffnet das Leben für die Welt. Es ist gerade nicht die Weltflucht, die sich daraus ergibt. Blumhardt weiß um ein fehlendes Ernstnehmen der Vollendung Gottes, das sich gerade in einer bloß redenden Kirche zeigt. Wer dagegen »in die Herrlichkeit des Erbes« hineinschaut, wird zu einem Handeln »nach allen Seiten« geführt.

Das deutliche Reden von der Gemeinde als Witwe wird bei ihm nicht zum Prinzip. Er benutzt es, um zur Überwindung dieser Gestalt der Gemeinde hinzuführen, wie es in dem Wortspiel: Witwe – Braut zum Ausdruck kommt. Die Witwe ist zur Braut bestimmt. Die Gemeinde soll jetzt schon mit Herrlichkeit ausgezeichnet werden, die sich in Kräften des heiligen Geistes kundtut. Aber es ist die Gemeinde, die »hineinschaut«, und es ist die Gemeinde, die dann handelt.

Das aber – und das ist wichtig – wird beginnen mit dem Gebet des einzelnen, das der Prediger seinen Hörern vorspricht. Darin erweist sich der Prediger als seelsorgerlich, daß er nicht nur mit starkem Einsatz ins Gebet einlädt, sondern daß er auch ein solches Beten vorspricht. Wer den Grad der Angefoch-

tenheit und das Maß von Unerfahrenheit zum Beten kennt, wird dieses Vorbe-
ten nicht verschmähen. Die Predigt wird in solchen Gebetssätzen selbst zum
Gebet.

Der Schluß (158,13 – 160)

Der Prediger wendet sich wieder dem Schriftabschnitt zu. Wird er noch einmal
von ihm neuen Inhalt und neue Gliederung für seine Predigt gewinnen?

Ein »Also« an der Spitze des neuen Satzes scheint ein Abschließen zu eröffnen.

Wieder wird der Schriftabschnitt als gegenwärtige »Aufmunterung« Jesu
Christi begriffen: »es tut Not, daß Er's sagt«. Der Prediger redet nicht in der
Vergangenheitsform von Jesus Christus. Seine Rede im Gleichnis wird als
Notwendigkeit begriffen, weil es darum geht, eine jahrtausendalte Bewegung
umzukehren: die Gemeinde soll in ihre erste Liebe, in das Ernstnehmen des
Kommens Gottes und das Leben aus den Kräften des Geistes zurückfinden.
Das ist der Inhalt des Betens.

Blumhardt sieht in dem Abfall der Gemeinde von ihrer Bestimmung den
Grund für das Schweigen Gottes: »Es ist kein Wunder, wenn der Herr sich so
hart gegen uns stellt .... Er ist gar zu viel gekränkt, betrübt, auch über dem, wie
jetzt seine Gemeinde sich vor ihm darstellt....« (158,30 – 159,4).

Darum rückt Blumhardt jetzt die Figur des harten Richters aus dem Material des Schriftabschnittes in den Vordergrund. Er gewinnt dadurch eine neue
Perspektive und Fortschritt für die Predigt. Die Härte des Richters kann die
Gemeinde über ihr Beten aufklären: »Mit einer Bitte, vorübergehendem Seufzen wird's nicht werden« (158, 19–20). Die Härte des Richters kann dazu helfen, daß die Gemeinde begreift, in welcher Lage sie sich befindet, wenn sie betet. Pointiert: Wer betet, als einzelner, als Kirche, ohne beständig den harten
Richter vor Augen zu haben, weiß nicht, was er tut.

Zum Beten gehören notwendig lange Nichterfüllung und Verachtung. Sie
sind begründet in dem jetzigen Zustand der Gemeinde.

Darum wendet Blumhardt noch einmal den Blick auf die Witwe und hebt
an ihr jetzt ihre Hilflosigkeit gegenüber Tadel und Zurechtweisung hervor.
Wer sich anschickt zu beten, ohne zu begreifen, daß er damit in den Augen vieler etwas Unsinniges und Unmögliches tut, hat noch nicht begriffen, wohin sich
wahres Beten ausstreckt. Wer betet, ohne an die verachtete und beschimpfte

Frau zu denken, weiß nicht, was er tut. Es fließen hier sicher persönliche Erfahrungen Blumhardts ein, wenn er sagt: »...sondern Andere, Wohlmeinende tadeln« (159,18).

Wie aber setzt er solche Erfahrung in die Seelsorge der Predigt um! Er spricht jetzt nicht in Wir-Sätzen, in denen sich, wie wir sahen, das Sein der Gemeinde ausdrückt; er geht in das vertrauliche Du über, das ihm aus dem Dialekt geläufig war und das er, wie wir wissen, viel gebrauchte. Er führt es ein als Anrede der Witwe (159,12) und zieht es weiter als Anrede an die Gemeinde in Möttlingen: »So wirst du arme Witwe jetzt auch angeschnaubt ... Lasse darum nicht ab!« Blumhardt drückt die Fremdheit der um Gottes Kommen betenden Gemeinde aus, er gibt dieser Erfahrung in seiner Predigt Worte. Die Gemeinde weiß sich bei ihm verstanden.

Noch ein letztes Mal kann der Prediger zum Schriftabschnitt und in den Schriftabschnitt zurückkehren und von dort seiner Predigt Kraft und Spannung gewinnen. Er ruft das letzte Stichwort des Textes auf, das auch sachlich das Ende bildet. Ohne Übergang tritt es auf: »Zuletzt kommt's schnell! ... Bald, bald wird's doch kommen« (159,21–22), und der Prediger spricht es, von ihm gefangen, sofort weiter: »und man wird Nichts zu sagen wissen, als Lob und Dank Dem, der seine große Freundlichkeit aufgethan hat, und Hilfe erzeigt dem gefangenen Israel (159,23–26).« Jetzt problematisiert der Prediger nicht. Wie er vorher mit aller Schärfe die Situation der betenden Gemeinde zeichnen konnte, so kann er jetzt der geglaubten Erfüllung seine Worte zur Verfügung stellen, eben in der hier allein angemessenen Form des Lobes und Dankes. Was später von seinem Sohn im Vikariat gesagt werden soll, daß er sich immer ganz einer Sache widme, daß er nie abmildernd predige *, das können wir hier schon beim Vater bemerken. Es ist eine Predigtweise in starken Gegensätzen, mit kräftigen Farben.

Wir wollen hier nur notieren, wie Johann Christoph Blumhardt die Kraft der starken Betonung kennt: Weder mildert er etwas vom Sein der Gemeinde in der Gegenwart ab, eben als rechtloser und bedrängter Gemeinde, noch läßt

---

* Anm. Das Urteil über Christoph Blumhardt findet sich bei Eugen Jäckh, Christoph Blumhardt, Stuttgart 1950, S. 69: »Blumhardt hat später erzählt, er habe in Gernsbach durch seine Predigt großen Eindruck gemacht und viele Menschen angezogen; sein Pfarrer habe zu ihm gesagt, es sei alles recht, was er predige, aber er sage immer nur die eine Seite. So sei es bei ihm geblieben, fügte er bei; er habe nie predigen können nach dem Schema ›einerseits – andererseits‹, sondern habe immer geweils nur eine Seite hervorgehoben, darin liege die Kraft seiner Predigt.«

er sich von heimlichen Zweifeln verleiten, die Vollendung Gottes herabzustimmen. Dieser Ton der Zuversicht und der Freude regiert den Schluß der Predigt: »es wird euch nicht gereuen« (159,30), »bis der Herr selbst dazwischen kommt« (160,2), »und endlich kommt der Herr doch und bleibt Sieger in dem Streit in alle Ewigkeit! Amen.« Das ist der letzte Satz der Predigt.

Davor wird noch einmal kurz zusammengefaßt: Blumhardt spricht von den drei Bitten – und zeigt damit, daß sie für ihn das Zentrum der Predigt waren. Er gerät dann selbst in die Haltung der Bitte, also des Gebetes für die Gemeinde, die diese Predigt gehört hat und in die er sich einschließt: Wieder regiert die 1. Person Plural. Er kündigt an, daß er eine schwere Zeit vor sich sieht, daß er also keine allmähliche Entwicklung zur Erlösung durch Gott hin kennt – und doch verbindet er das Gebet der bedrängten, scheinbar nicht erhörten Gemeinde mit dem Kommen Jesu Christi. Die Gemeinde der wahrhaft Betenden wird klein sein und doch ist ihr alles anvertraut. Wie es nur wenige sein werden, die um das Kommen Jesu Christi beten, so werden es nur wenige glauben, daß gerade dies die wahre Kirche ist, die die Weltgeschichte bewegt. Diese doppelte Unscheinbarkeit der Kirche faßt der Prediger fest ins Auge und mutet sie seinen Hörern zu. Es ist eine letzte Entfaltung der zentralen Figur des Schriftabschnittes: der Witwe, die allein dasteht und doch endlich Recht bekommt. Umso kräftiger wird mit betontem »aber« dagegengesetzt: »aber das Gebet der Schwachen hat ein großes Gewicht miteinander«, wird dann im letzten Satz der Predigt nur noch von Gottes Tun geredet. Dieses regiert den Predigtschluß. Der Prediger gibt ihm eine Sprache, die ins Hymnische übergeht: »bleibt Sieger in dem Streit in alle Ewigkeit! Amen.« Das Stichwort »Sieger in dem Streit« nimmt auf, was vorher bereits angeklungen war: »der seine große Freundlichkeit aufgethan hat« oder »Hilfe erzeigt dem gefangenen Israel« (159,24–25), vor allem aber »das Zeichen des Menschensohns am Himmel« (160,4). Wir bemerken hier erneut das Geflecht biblisch geprägter Sprache, die dem Prediger zur Verfügung steht, wenn er die Verheißung seinen Hörern nahebringen will.

Nicht nur wird wieder deutlich, wie sehr Blumhardt in diesen Verheißungen lebt, so daß sie ihm an der entsprechenden Stelle seiner Predigt zur Verfügung stehen; es wird auch festzuhalten sein, daß mit dieser biblisch geprägten Sprache, also in den entsprechenden festen Formulierungen, der Inhalt der Verheißung weitergegeben und bewahrt werden kann. Der Prediger stellt sich und die Gemeinde zuletzt ganz in das Kommen des Herrn. Darauf blickt er. Das Ende ist Gewißheit.

Gerhard Sauter

Was hat Johann Christoph Blumhardt der Kirche und Theologie heute zu sagen?

Als ich vor 15 Jahren als frisch gebackener Dozent mich den Senioren der Göttinger Fakultät vorstellte, besuchte ich auch Emanuel Hirsch und Friedrich Gogarten. Beide fragten nach meinen bisherigen Arbeiten, und auf meine Antwort, meine Promotionsschrift habe von der Theologie des Reiches Gottes beim älteren und jüngeren Blumhardt gehandelt, entgegnete Hirsch, dies sei nun eigentlich kein zünftiges wissenschaftliches Thema, aber er wolle gegen Blumhardt nichts sagen. Als Kind sei er einmal lebensgefährlich erkrankt gewesen, und als man schon alle Hoffnung aufgegeben hatte, habe seine Mutter Christoph Blumhardt nach Bad Boll telegraphiert und ihn um Fürbitte gebeten; danach sei überraschend die Heilung eingetreten. – Gogarten, sein Nachbar in der Straße und Antipode in der Theologie, erinnerte sich an zahlreiche Nachschriften von Andachten des jüngeren Blumhardt, die er aufbewahrte; sie hätten ihn als jungen Theologen entscheidend beeinflußt und ihm in den Jahren nach dem Ersten Weltkrieg den Weg zu einer Theologie gewiesen, die den Bannkreis des Kulturprotestantismus durchbrach. Die Frage nach der Wahrheit habe sich ihm von Blumhardt her ganz anders gestellt als nach den Maßstäben einer Geschichtstheologie, die nicht mehr von Gott zu reden vermochte, wie er aller menschlichen Geschichte und dem religiösen Selbstbewußtsein des Menschen entgegentritt. Er, Gogarten, habe dann die Veröffentlichung einer Blumhardt-Andacht in der Zeitschrift »Zwischen den Zeiten« veranlaßt[1], was mich überraschte, denn ich hatte dies eher von Karl Barth oder Eduard Thurneysen vermutet.

---

[1] Die Anmerkungen zu diesem Beitrag S. 96 ff.

Eine merkwürdige oder denkwürdige Gestalt?

Diese beiden und andere Gespräche haben mir gezeigt, daß mit einer viel breiteren Resonanz auf Blumhardt Vater und Sohn zu rechnen ist, als gemeinhin angenommen wird. Der Schweizer Theologe Emil Brunner, dessen Taufpate der große Blumhardt-Biograph Friedrich Zündel gewesen ist, hat mit der Widmung des 3. Bandes seiner »Dogmatik«[2] zum Ausdruck gebracht, was er Blumhardt für die Wahrnehmung des Wirkens Gottes in Welt und Kirche verdankt. Brunners theologisches Denken und seine Bemühung um den christlichen Dialog in Kirche und Gesellschaft haben bei der Gründung der »Evangelischen Heimstätten« in der Schweiz und auch für die Anfänge mancher deutscher Evangelischer Akademien Pate gestanden. – Karl Barth schreibt in einer autobiographischen Skizze, er habe als Student von Tübingen aus im Wintersemester 1907/08 »mehrfach, aber ohne gründlichere Einsicht Bad Boll besucht«[3]; zur für Barths theologischen Kurswechsel entscheidenden Begegnung mit Christoph Blumhardt kam es dann durch Vermittlung seines Freundes Eduard Thurneysen 1915[4], und seitdem hat sich Barth häufig auf beide Blumhardt berufen. Johann Christoph Blumhardts Porträt hängt mit den Bildern der Theologen, die Barth als richtungweisend für die Theologie des 19. Jahrhunderts ansah, am Treppenaufgang in Barths Haus, und seine Darstellung dieser Theologie enthält ein Kapitel über den älteren Blumhardt[5]. Nach zahlreichen knappen, aber für die Entwicklung seiner Theologie sehr aufschlußreichen Bemerkungen und Hinweisen[6] hat Barth dann Blumhardts Parole »Jesus ist Sieger!« in der Versöhnungslehre der »Kirchlichen Dogmatik« meditiert[7], und auch in den Fragmenten aus dem Nachlaß über »Das christliche Leben« findet sich eine Passage zu beiden Blumhardt[8]. Barths Hinwendung zum älteren Blumhardt ist bemerkenswert, denn man möchte vermuten, Barth sei stärker von Christoph Blumhardt als einem der Väter des »Religiösen Sozialismus« beeindruckt gewesen. Aber obwohl Barth anläßlich des Todes von Christoph Blumhardt 1919 dessen Lebenswerk als eine der »unerledigten Anfragen an die heutige Theologie« bezeichnet hat[9], kommt er später weniger häufig auf ihn als auf den Vater zu sprechen. Offensichtlich ist er nicht der Anschauung gefolgt, die sich beispielsweise im Titel des Buches von Leonhard Ragaz, einem führenden Schweizer Religiös-Sozialen, ausspricht: »Der Kampf um das Reich Gottes in Blumhardt, Vater und Sohn – und weiter!«[10], der Meinung also, hier sei eine »Bewegung« in Gang gesetzt worden, die weitergeführt werden müsse. Für Barth war »die prinzipiell an der christlichen Hoffnung orientierte Botschaft der beiden Blumhardt«[11] nicht der Anfang einer religiösen »Bewegung«, sondern der Orientierungspunkt, zu dem er je länger je mehr zurückkehrte.

Auf der anderen Seite hat einer der Gegenspieler Barths in der theologischen Szene der zwanziger Jahre, der Breslauer Theologe Erich Schaeder, sich mehrfach auf Christoph Blumhardt berufen[12], freilich auch (1924) in der Kritik an dem Einfluß, der von Blumhardt über Ragaz und Hermann Kutter, den anderen Wortführern der Schweizer Religiös-Sozialen, auf Barth und seine Freunde in den Anfängen der »dialektischen Theologie« ausging. Doch zu dieser Zeit waren die Religiös-Sozialen und Barth schon längst miteinander im Streit, nicht zuletzt über der Frage, ob im Namen beider Blumhardt nicht ein prinzipielles Nein gegenüber aller Theologie geboten sei, eine Frage, die Kutter entschieden bejahte, weil er das theologische Denken als ein Hindernis für die Ausbreitung des Reiches Gottes ansah.

Ist Johann Christoph Blumhardt also als ein Theologe anzusprechen – gewiß als ein Theologe sui generis, aber doch in einem bestimmbaren Verhältnis zur Theologie und ihrer Geschichte? Oder bleibt er gleichsam ein erratischer Block in der kirchlichen Landschaft des 19. Jahrhunderts, ein herausragendes Stück religösen Urgesteins aus urchristlicher Zeit, wo der »Beweis des Geistes und der Kraft«, wie G. E. Lessing im Blick auf 1. Kor. 2,4 gesagt hat[13], mit Zeichen und Wundern noch in Geltung war? Dann wäre Blumhardt ein merkwürdiger Sonderfall, den man respektvoll erinnern mag (wie E. Hirsch dies im Gedanken an Christoph Blumhardt tat), der aber dann bestenfalls einer romantisierenden Betrachtung der Kirchengeschichte zugute kommt, die den Verfall des gegenwärtigen Christentums gegenüber seinen Anfängen beklagt. Was Blumhardt widerfuhr, was er tat und sagte, bliebe merkwürdig, wäre aber nicht wirklich denkwürdig, und dann hätte das beredte Schweigen recht, das in der Theologie auch heute noch Blumhardt gegenüber an der Tagesordnung ist. Wenn Blumhardt jedoch eine bestimmte Botschaft auszurichten hatte – und davon war er überzeugt –, kann die Theologie daran nicht einfach vorbeigehen.

So sah es etwa Friedrich Gogarten, wenn er an Christoph Blumhardt erinnerte, um den *Ursprung der Theologie als Reden von Gott* allem menschlich-allzumenschlichen Denken über Gott entgegenzusetzen. So meinte es auch Karl Barth, als er Blumhardt als Beispiel für eine (wie er sagte) irreguläre Dogmatik anführte und ihn in eine Reihe mit keinem Geringeren als Martin Luther stellte[14]. Aber ist nicht auch dies ein Stück Romantik, wenn der theologischen Zunft mit ihren schulmäßigen Rücksichten einige theologische Originale unvergleichlich gegenüber stehen, knorrige Eigenbrötler, die gerade deshalb so anziehend sind, weil sie den Schliff akademischer Pedanterie vermissen lassen? Wer an Blumhardt so Gefallen findet, läßt ihn auf die *Frage, wie Theologie entsteht,* stumm bleiben. Blumhardt gibt dann allenfalls die Auskunft, die wir auch von anderen Originalen der Frömmigkeitsgeschichte kennen: daß er als Protestfigur – nur als solche ist er interessant – nicht beziehungslos gelebt hat, daß er sich in geschichtlichen und geistigen Zusammenhängen bewegt, die sich umso eher erschließen, je mehr man sich von der unmittelbaren Ausstrahlung seines Wirkens entfernt. Blumhardt würde dann als »Persönlichkeit« bewundert, und daß Blumhardt so eingeschätzt werden kann, erklärt wohl auch, weshalb er und sein Sohn für manche Vertreter der »liberalen Theologie« so anziehend waren, weil dieser Theologie an Persönlichkeiten gelegen war, die eine unableitbare religiöse Lebendigkeit verkörpern.

Blumhardt als theologische Existenz

Blumhardt läßt jedoch in dem, was er zu sagen hatte, alle Besonderheiten und Merkwürdigkeiten hinter sich zurück, die das Gedenken an ihn zu bestimmen scheinen. Tritt er nun etwa als ein Theologe in Erscheinung, der zwar nicht auf dem Katheder, aber auf der Kanzel und am Schreibtisch theologische Einsichten formulierte, die ihn in einer bestimmten theologischen Position zu erkennen geben? Dafür könnten einige Themen sprechen, die ihn im Zusammenhang des württembergischen Pietismus und besonders der Theologie der »schwäbischen Väter« Johann Albrecht Bengel, Friedrich Christoph Oetinger und Philipp Matthäus Hahn verstehen lassen. Aber auch wenn es manche Anhaltspunkte für solche Beziehungen gibt, so ist für Blumhardt doch charakteristisch, daß er Erkenntnisse ausspricht, die sich nicht aus der gedanklichen Ausschöpfung solcher Themen – wie Reich Gottes, Heiliger Geist und Hoffnung – ergeben. Solche Erkenntnisse systematisch darzulegen, ist ihm allerdings schwer gefallen. Daran war nicht fehlende dogmatische Umsicht schuld. Blumhardt sprach vielmehr als einer, der Bestimmtes wahrgenommen hatte und dies nun mit den Möglichkeiten der theologischen Überlieferungen auszudrücken suchte, in denen er und seine Gesprächspartner sich bewegten. Daß dabei vieles auslegungsbedürftig, aber auch nachdenkenswert blieb, hat Martin Kähler gespürt, als er als Student von Tübingen aus in Bad Boll zu Gast war. Er erzählt, wie Blumhardt die Achillesferse zeitgenössischer Theologie in Gestalt Johann Tobias Becks bloßlegte, der theologisches Denken mit der Selbstdarstellung religiöser Existenz verwechselte, und wie er seine Kritik an der Kirche aus einer Geisteserwartung begründete, die sich nicht mehr auf die abgegriffenen Vorstellungen landläufiger Pneumatologie stützen konnte [15].

Dieser Eindruck einer theologischen Intuition läßt sich vertiefen, wenn wir einzelnen Themen nachgehen, die für die theologische Erforschung Blumhardts besondere Bedeutung gewonnen haben.

Barth hat Blumhardt einen »*Theologen der Hoffnung*« genannt [16]; Blumhardt habe noch vor einigen religionsgeschichtlich orientierten Exegeten, die gegen Ende des 19. Jahrhunderts den eschatologischen Charakter der Predigt Jesu vom Reiche Gottes wiederentdeckten, das Signal für die Erwartung des Eingreifens Gottes in der Welt und für die Krisis einer verweltlichten Kirche gegeben [17]. Ist Blumhardt also der Vorläufer einer »Theologie der Hoffnung«, die sich auf tiefgreifende Wandlungen unserer Welt einstellt und mit Hilfe des Glaubens die längst fälligen Veränderungen in der Gesellschaft herbeizuführen sucht? Blumhardt war jedoch weit davon entfernt, mit der Hoffnung auf das Kommen Gottes die Probleme christlichen Handelns in Angriff zu nehmen, wie es bei vielen seiner Zeitgenossen der Fall war und wie es heute im Vordergrund steht. Vor allem hat er nicht Gottes Wirken gegen die Möglichkeiten menschlichen Handelns ausgespielt, und er war ebensowenig besorgt, daß die christliche Zuversicht, die das Warten lernen muß, zur Passivität verführt werden könnte. Geduldiges Warten und gespanntes Erwarten schließen einander keinesfalls aus. Das hat er vielfältig erfahren und den Hoffnungslosen wie den Ungeduldigen mitzuteilen gehabt. Ihm wurde vertraut, daß Hoffnung ein Glied in der Kette von Bedrängnis und Anfechtung, Standfestigkeit und Bewährung ist, die die Zuversicht wach halten. Sie lebt von der Liebe Gottes, die in unermeßlicher, immer wieder überraschender Fülle durch Gottes Geist ausgegossen wird (Röm. 5,3–5) [18]. Stehen wir nicht heute in Gefahr, die Hoffnung aus dieser Kette herauszubrechen und ihr so den Charakter der Zuversicht zu nehmen?

Markant ist Blumhardts *Naherwartung einer neuen Heilszeit,* in der Gottes Geist die Kirche ergreift und die Welt erfüllt, um der Ankunft Jesu Christi den Weg zu bahnen. Hier finden sich zweifellos Anklänge an den Chiliasmus, der einen Bengel zu weltgeschichtlichen Berechnungen verleitet [19] und seit der Aufklärung in weiten Kreisen Vorstellungen von der Vervollkommnung des Christentums und der christlichen Kultur genährt hat. Die Spitze von Blumhardts Geisteserwartung richtet sich jedoch gegen die Gleichsetzung der Gegenwart Gottes im Heiligen Geist mit einer christlichen Geistes-Geschichte, nach der in Jesus Christus der ewige Sinn des Weltgeschehens offenbar geworden ist, so daß der Geisteskundige jedes Ereignis im Zusammenhang dieses Geschichtsverlaufs nachdenken kann. Während das Werk des Heiligen Geistes zur Zeit Blumhardts und in der Regel noch heute als Vermittlung von Gott und Welt, von Mensch und Mitmensch und von Menschheit und All aufgefaßt wird, wie es Friedrich Hölderlin im »Hyperion« gut idealistisch als »Leben der Gottheit« besingt: »Eines zu sein mit Allem, was lebt« – während der Geist also als Medium der Allversöhnung erscheint und wie ein Transportmittel, um den fernen Gott in unsere gottlose Welt zu bringen[20], hat Blumhardt den Geist als Sinn des Werkes Gottes verstanden. Wie in den Abschiedsreden Jesu ist bei ihm vom Geist, dem Tröster und Fürsprecher der Menschen vor Gott, nicht als von einer bloßen Fortführung der Geschichte Jesu in die Geschichte der Kirche hinein die Rede. Die Geistes-Gegenwart Gottes besteht vielmehr darin, die Welt zur Gotteserkenntnis zu rufen (Joh. 16,8), Gott in der Welt zu verherrlichen (Joh. 16,14), die Jünger Jesu in alle Wahrheit zu leiten. Denn der Geist redet nicht aus sich selber, sondern er hat das von Gott Vernommene und Wahrgenommene zu verkünden (Joh. 16,13). Darin wird dann auch alles einbegriffen sein, was als die Sendung Jesu zu erinnern und zu lehren ist (Joh. 14,26), weil wir nur durch Gottes Kommen im Geist erkennen, wer Jesus ist und war.

»*Reich Gottes*« heißt das dritte und wohl wichtigste Kennwort der Verkündigung Blumhardts[21]. Wer die reichhaltige Quellensammlung von Ernst Staehelin »Die Verkündigung des Reiches Gottes in der Kirche Jesu Christi«[22] studiert, wird einen Eindruck davon erhalten, wie verschieden dieser biblische Begriff gedeutet worden ist, wobei immer wieder dem zeitweise vorherrschenden Bestreben, das Reich Gottes mit kirchlichen Zuständen gleichzusetzen, im Namen des Reiches Gottes und seiner universalen Verheißung widersprochen wurde. Vor und neben Blumhardt war »Reich Gottes« zum Inbegriff mannigfacher und oft miteinander schwer vereinbarer Erwartungen auf bessere Zeiten in Kirche und Staat geworden[23]: Das Reich Gottes ist die Gegenwirklichkeit einer verkehrten Welt, zu der politische Unterdrückung, geistige Bevormundung, aber auch eine erstarrte Kirchlichkeit gehören. So haben die württembergischen Pietisten wie viele vor und nach ihnen mit ihrer Sehnsucht nach dem Reiche Gottes über die Schranken der Kirche hinausgeblickt und nach neuen Bereichen der Gottesbegegnung Ausschau gehalten, nicht nur in den politischen Aufbrüchen, in denen viele nach anfänglicher Begeisterung die Ursachen neuer Verstörung witterten; Heilung, alleserfüllende Einheit erhofften sie von einem Lebensganzen[24], von einer unmittelbaren, durch keinerlei Fremdeinflüsse gestörten Gottesunmittelbarkeit. So meinten es etwa Hegel und Hölderlin, als sie einander bei ihrem Abschied vom Tübinger Stift »Reich Gottes!« zuriefen. Mit dieser Losung zogen sie aus, um Gleichgestimmte für den »Gott in uns, dem die Unendlichkeit zur Bahn sich öffnet«, zu finden, wie Hölderlin es Hyperions Freund sagen läßt.

Blumhardt jedoch hat in den Grenzen eines schwäbischen Landpfarramtes die Gewißheit der Gegenwart Gottes ausgesprochen und auf das Kommen des Gottesreiches warten gelernt, das sich in den Zeichen dieser Gegenwart ankündigt. »Reich Gottes« blieb für ihn nicht eine Chiffre, die durch geistvolle Deutung dieses oder jenes Geschichtszeichens entschlüsselt werden muß, auch nicht eine Metapher, die wir auf Gegenbilder einer heillosen Realität übertragen, um von ihnen aus Licht auf mögliche Veränderungen werfen zu können[25]. Nein: Gottes Reich ist allein dort, wo Gott aufs neue mit seinem »Ich bin der Herr, dein Gott« uns Menschen entgegentritt; wo er als der *handelt*, dem alle Macht gehört. Gottes Reich ist Gottes Herrschaft – allerdings nicht im Sinne eines Abhängigkeitsgefühls oder einer Beziehung zu Gott als dem Freund des Menschen, wie es in der Theologie neuerdings gern umschrieben wird, um »Reich« nicht als einen Zustand, als eine unpersönliche Ordnung mißzuverstehen[26]. Nicht daß sich zwischen Gott und Mensch etwas »ereignet«, um den Menschen in Bewegung zu bringen, ist entscheidend, sondern das Eintreten Gottes für seine Schöpfung und für den Menschen in ihr.

Die Entstehung von Theologie vor dem Hintergrund der Lebensgeschichte

Warum und wie konnte Blumhardt so von Hoffnung, von Gottes Geist und Gottes Reich reden? Nicht, weil er es so gelernt hatte, aber auch nicht, weil es sich ihm so aus seiner religiösen Genialität aufdrängte. Er hat vielmehr etwas *Bestimmtes wahrgenommen,* und er war darin geprägt von seiner Lebensgeschichte. Darum legt es sich jetzt nahe, nach seiner Biographie zu fragen, die trotz aller bisherigen Versuche immer noch als eine unbewältigte Aufgabe vor uns steht. Bis heute ist das eindrucksvolle, aber ganz im Wirkungsbereich Blumhardts entstandene »Lebensbild« von Friedrich Zündel die wichtigste Quelle, allerdings nur in ihrer ursprünglichen Fassung[27], während die späteren Bearbeitungen[28] vieles aufs Erbauliche zusammengestrichen haben und dadurch das Blumhardt-Bild in wichtigen Zügen verzerren. Ein Nachdruck des vollständigen »Zündel«, der wichtige Einzelheiten aus Blumhardts Verkündigung und Seelsorge mitgeteilt hat, wäre deshalb dringend zu wünschen. Kleinere biographische Abrisse, die später erschienen sind, sind zumeist von Zündel abhängig oder verstärken einen bloß anekdotenhaften Eindruck. Sie wollen Hagiographien sein, soweit dies bei dem im Protestantismus verbreiteten Verständnis von »heiligem Leben« überhaupt möglich ist, erreichen aber nur eine Sammlung merkwürdiger Geschichten und kaum nachprüfbarer Legenden, vermischt mit fragmentarischen Äußerungen. Zündel aber hatte von Blumhardt gelernt, das wahrzunehmen und darauf aufmerksam zu machen, was Blumhardts Seelsorge und Predigt begründet, von dem aus sie gemessen werden wollte und worauf sie verwies: auf den Adventus Gottes in der Erlösung der geknechteten, ohnmächtigen, in sich verschlossenen Menschen. Auf diese Weise ist Zündels Lebensbild ein äußerst hinweiskräftiges Buch und als solches nicht nur bisher unerreicht, sondern wahrscheinlich auch unerreichbar – wenigstens solange, wie Gefahr besteht, Blumhardt nur zur Nachahmung zu empfehlen, statt zu beschreiben, wie »Theologie« bei ihm entsteht.

Doch wie treffen wir auf diese Theologie? Ich meine: nur auf dem Umwege über eine Schilderung des kirchlich-theologischen Umfeldes, in das sich Blumhardt nicht »einordnet«, aber in dem er sich ganz unbefangen – und das heißt: ohne auffallende Spuren einer »Auseinandersetzung« – bewegt, die eine Einordnung ins Auge springen lassen könnte. Um eine solche Lebensgeschichte mit geistesgeschichtlicher Tiefenschärfe schreiben zu können, bedarf es eingehender und subtiler Kenntnisse über die vielschichtige kirchliche und geistige Situation im südwestdeutschen Raum seit dem Ende des 18. Jahrhunderts. Für eine solche Darstellung (die Zündels Lebensbild nicht ersetzt, aber es in einer Richtung ergänzt, die Zündel noch unzugänglich war) hat der langjährige Leiter der Blumhardt-Forschungsstelle an der Württembergischen Landesbibliothek in Stuttgart, Dr. Paul Ernst, vorgearbeitet; leider sind seine Unterlagen bisher nur zum Teil in die editorischen Erläuterungen zu den »Gesammelten Werken« Johann Christoph Blumhardts eingegangen[29]. Das Material, das Paul Ernst zusammengetragen hat, umfaßt eine Fülle von Einzelheiten besonders aus dem südwestdeutschen Pietismus, der Blumhardt offensichtlich weit stärker geprägt hat, als es bisher schon zu vermuten war. Ohne auf Einzelheiten eingehen zu können, will ich einen weiteren Gesichtspunkt hervorheben, der für die Blumhardt-Forschung mehr als bisher Beachtung finden sollte. Wenn ich recht sehe, ist die »geistige Welt« des südwestdeutschen Protestantismus und der Schweiz im 18. und in der ersten Hälfte des 19. Jahrhunderts für die Theologie noch weitgehend unentdeckt. Die Historiker der Kirchen- und Theologiegeschichte orientieren sich nach meinem Eindruck viel zu sehr an den Entwicklungen Mitteldeutschlands und an den geistigen Richtlinien, die etwa im Dreieck der Universitäten Leipzig, Halle und Berlin – Königsberg am Rande nicht zu vergessen! – entwickelt worden sind. Was sich hingegen im Südwesten mit seinen Beziehungen zu Frankreich und der angelsächsischen Welt begeben hat, wird mehr oder weniger nur als Kuriosität zur Kenntnis gebracht, ausgenommen natürlich die Figuren, die – wie die schwäbischen Begründer des spekulativen Idealismus, Hegel und Schelling – nach Nordosten ausgewandert sind[30]. Die Denkmuster des mitteldeutschen Rationalismus, aber auch die Ausprägungen des Pietismus in Sachsen und Preußen, sind von den geistigen, politischen und kirchlichen Entwicklungen im Süden und Westen (bis zum niederrheinischen Pietismus hin) nicht nur räumlich weit entfernt. So ist beispielsweise der Reich-Gottes-Gedanke mit seinem der Geschichte zugewandten Universalismus von der im Westen beheimateten reformierten Theologie gleichsam den Rhein aufwärts und bis nach Zürich gewandert, wo er in Johann Jakob Heß einen Sprecher fand, der dann wieder bis in die lutherische Erlanger Heilsgeschichtliche Theologie Johann Christian Konrad von Hofmanns hinein wirkte[31]. Weniger weit strahlte der »biblische Realismus« eines Bengel und Oetinger aus: Bengels andernorts schwer verständliche Gedanken über das Wachsen des neuen Menschen im Empfang des Abendmahls und seine Lehre von der Sühnewirkung des Blutes Jesu[32] oder Oetingers Aufspüren des sensus communis, der »Weisheit auf der Gasse«[33]. Ähnlich eigentümlich sind die Anschauungen von Leben und Tod in der Nähe dieses Denkens, auch das Wissen um die Kämpfe, in die jedes menschliche Leben verstrickt ist – dies alles klingt wie eine gewaltige Dissonanz zu den Leitmotiven der Aufklärung und ihren Maximen Gott, Freiheit und Unsterblichkeit. Blumhardt hat aus dieser geistigen Welt viel empfangen, nicht nur durch sein Elternhaus und in seiner theologischen Ausbildung, sondern besonders in den Basler Jahren (1830–1837), in die (1833) die Trennung der »Landschaft« Basel von der Stadt fiel, ein revolutionäres, auch kirchlich höchst folgenreiches Ereignis[34]. Welche Einflüsse er hier aufgenommen hat, was damals von Genf und England her in Basel Widerhall fand und wie sich dadurch Blumhardts Interesse für die Missionsgeschichte und Missionsgeographie (über die er später ein »Handbuch« schrieb[35]) in weltgeschichtlichen Zusammenhängen formte, müßte noch genauer untersucht werden.

Alle diese und manche anderen Verflechtungen können Blumhardts Äußerungen beleuchten, in mancher Hinsicht auch verständlich machen – theologisch erklären können sie sie nicht. Weder aus dem Pietismus, noch aus dem Realismus, noch aus dem Universalismus oder wie die Schlagworte sonst noch heißen mögen, läßt sich das Bekenntnis »Jesus ist Sieger!« ableiten, das über der Möttlinger Geschichte steht. Mir erscheint es nicht unwesentlich, sondern geradezu symbolisch, daß dieser Satz gar nicht von Blumhardt selbst ausgesprochen wurde, sondern daß er ihm aus dem Munde der Katharina Dittus, der Schwester der kranken Gottliebin, entgegenkam[36]. Blumhardt hat hier wie bei so vielen späteren Gelegenheiten keine Einsicht durch Reflexion entwickelt, sondern sich einer *Erkenntnis* gestellt. Diese Wahrnehmung durchkreuzte einen Hauptteil dessen, was er zu denken und sagen gewohnt war. Ich versuche, uns seine Jahre in Möttlingen vorzustellen, seine Arbeit in einer, wie man so sagt, kirchlich wohlversorgten Gemeinde, an deren Trägheit alle Anstrengungen des jungen Pfarrers scheiterten, der die Ideale einer religiösen Erweckung in sich trug. Statt dessen sah er Sonntag für Sonntag seine müden Bauern in einen Kirchenschlaf fallen und darin seine Hoffnungen versinken. Er meinte, ihnen aufs deutlichste zu sagen, was sie brauchten – aber was dieser Gemeinde fehlte, zeigte sich erst in jener nicht merkwürdigen, sondern denkwürdigen Geschichte der Gottliebin Dittus, deren Krankheit soziale Not, irregeleitete Frömmigkeit und hoffnungslose Versuche der Selbstbefreiung aufdeckte. Rudolf Bultmann hat einmal sehr abfällig gesagt: »Die Blumhardtschen Geschichten sind mir ein Greuel[37].« Das sollte einen Wunder- und Dämonenglauben treffen, für den es nach Bultmanns Ansicht weder einen weltanschaulichen Anhaltspunkt noch theologische Gründe gibt. Zu Bultmanns apodiktischem Satz gäbe es gerade heute manches kritisch zu bemerken, in einer Zeit, wo beängstigend oft von »Dämonien« die Rede ist, um Unheilvolles, das man sehr wohl zu durchschauen meint, zu mystifizieren. Die Abgründe des Bösen in der Welt werden dabei übersehen. Dies kann durchaus eine der Folgen aus Versuchen wie demjenigen Bultmanns sein, Glaube und Unglaube auf Bewußtseinsakte zu reduzieren. Bultmann folgt hier der Traditon eines Menschenbildes, das alle Lebensäußerungen in die Selbsterfahrung versammelt, um sie dann wieder aus ihr zu entlassen. Nur auf diesem Wege kann der Mensch etwas erfahren und können Menschen einander etwas mitteilen. Blumhardt hat gegen solche Anschauungen – die auch er bei seinen Zeigenossen antraf (man denke nur an Schleiermachers Kategorie des »frommen Selbstbewußtseins«) – nicht ein anderes, vielleicht mehr realistisches Menschenbild ins Feld geführt, er hat nicht die Leiblichkeit und die Psyche der Selbstreflexion entgegengesetzt. Blumhardt redete vom Menschen aus dem *Gewahr-Werden des neuen Menschen* heraus. Der neue Mensch: das ist der Mensch, der Gottes Schöpfung an sich geschehen läßt, an dem in jedem Stück seiner Existenz Gott zu seinem Recht kommt. Wenn Blumhardt gegen etwas gekämpft hat, dann gegen die Widerstände, die sich diesem Geschehen-Lassen der neuen Schöpfung entgegenstellten. Dies muß vor allem anderen in den Blick kommen, wenn wir wie Barth urteilen wollen, daß die Theologie des 19. Jahrhunderts – und wir müssen hinzufügen, auch zu großen Teilen des 20. Jahrhunderts – Erscheinungen wie Blumhardt »einfach verschlafen hat«[38].

Blumhardts *Seelsorge* ist von Exorzismus wie von Psychotherapie, von geistigen Machtdemonstrationen wie von einer Heilkunst, die die Regeneration menschlicher Lebenskräfte zum Ziel hat, gleich weit entfernt. Gut gemeinte Erklärungsversuche wie die Viktor von Weizsäckers, der Blumhardts Heilungen als Vorbilder für soziale Integration deutet[39], verfehlen gerade das, was Blumhardt tat und für möglich hielt. »Seelsorge« bedeutete für Blumhardt zuerst und zuletzt, daß Menschen – nicht nur der Kranke, sondern auch der Seelsorger – sich dem richtenden und rettenden Urteil Gottes aussetzen. In diesem Stehen vor Gott wird die theologische Existenz geboren, und daraus sind Blumhardts theologische Erkenntnisse erwachsen. Ist dies nicht eine – um es noch einmal mit Barth zu sagen – unerledigte Anfrage an die kirchliche Seelsorge heute?

Es wäre indessen völlig irreführend, der christlichen Sorge um den Menschen in unserer Zeit vorzuhalten, sie bringe zu wenig Hoffnung für den Menschen auf. Und schon gar nicht dürfte man sich auf Blumhardt berufen, um Erwartungen zu steigern und um mehr Möglichkeiten des Handelns für den Menschen auszuschöpfen. Blumhardt war gerade als Theologe der Hoffnung ein Wächter für die rechte Hoffnung, die die Zuversicht auf das Handeln Gottes nicht mit der Reichweite menschlichen Vertrauens konkurrieren läßt. Wie rückhaltlos eine vermeintlich unbändige Erwartung in tiefste Resignation umschlagen kann, hat Georg Büchner, auch er ein Zeitgenosse Blumhardts, in seinem Fragment »Lenz« geschildert, an der Gestalt des jungen Dichters Jakob Michael Reinhold Lenz (1751–1792) aus der geistigen Nähe des jungen Goethe. Auch dies ist eine Geschichte aus dem südwestdeutschen Raum, und sie relativiert deshalb alles, was ich oben über mögliche Einflüsse dieser Atmosphäre auf Blumhardts Theologie vermutet habe. Büchner erzählt, wie Lenz bei einer Wanderung durch die Vogesen an das Totenbett eines Kindes tritt: »Lenz schauderte, wie er die kalten Glieder berührte und die halbgeöffneten gläsernen Augen sah. Das Kind kam ihm so verlassen vor, und er sich so allein und einsam. Er warf sich über die Leiche nieder. Der Tod erschreckte ihn, ein heftiger Schmerz faßte ihn an: diese Züge, dieses stille Gesicht sollte verwesen – er warf sich nieder; er betete mit allem Jammer der Verzweiflung, daß Gott ein Zeichen an ihm tue und das Kind beleben möge, wie er schwach und unglücklich sei; dann sank er ganz in sich und wühlte all seinen Willen auf einen Punkt. So saß er lange starr. Dann erhob er sich und faßte die Hände des Kindes und sprach laut und fest: ›Stehe auf und wandle!‹ Aber die Wände hallten ihm nüchtern den Ton nach, daß es zu spotten schien, und die Leiche blieb kalt. Da stürzte er halb wahnsinnig nieder; dann jagte es ihn auf, hinaus ins Gebirg.« Später bricht es aus ihm heraus: »Aber ich, wär ich allmächtig, sehn Sie, wenn ich so wäre, ich könnte das Leiden nicht ertragen, ich würde retten, retten; ich will ja nichts als Ruhe, Ruhe, nur ein wenig Ruhe, um schlafen zu können[40].«

Besaß Blumhardt eine bessere Hoffnung? Auf eine solche Frage würde er, glaube ich, weder mit Ja noch mit Nein antworten – und indem er auf sie gerade nicht eingeht und in dem, was er gleichwohl dazu zu sagen hat, spricht er zu uns als Theologe.

Anmerkungen

1 Antwort von Gott. Eine Andacht Christoph Blumhardts (1898), in: Zwischen den Zeiten 2 (1924), H. 5, S. 3–7.

2 Emil Brunner, Dogmatik, Bd. III: Die christliche Lehre von der Kirche, vom Glauben und von der Vollendung, Zürich/Stuttgart 1960, S. 11.

3 Karl Barth, Autobiographische Skizze aus den Fakultätsalben der Ev.-Theol. Fakultät in Münster (1927) und der Ev.-Theol. Fakultät in Bonn (1935 und 1946), wieder abgedruckt in: Karl Barth – Rudolf Bultmann, Briefwechsel 1922–1966, hrsg. von Bernd Jaspert, Zürich 1971, S. 305.

4 A.a.O., S. 307; vgl. auch Karl Barth – Eduard Thurneysen, Briefwechsel, Bd. I: 1913–1921, bearbeitet und hrsg. von E. Thurneysen, Zürich 1973, S. 51.53.107.

5 K. Barth, Die protestantische Theologie im 19. Jahrhundert. Ihre Vorgeschichte und ihre Geschichte, Zollikon-Zürich 1947, S. 588–597.

6 Siehe die Register s.v. »Blumhardt« in den beiden Bänden des Briefwechsels Barth – Thurneysen (Bd. II: 1921–1930, Zürich 1974;), ferner K. Barth, Der Römerbrief, Bern 1919, S. 167.248.

7 K. Barth, Die Kirchliche Dogmatik, Bd. IV: Die Lehre von der Versöhnung, 3. Teil, Zollikon-Zürich 1959, S. 192–196.

8 K. Barth, Das christliche Leben. Die Kirchliche Dogmatik IV/4, Fragmente aus dem Nachlaß. Vorlesungen 1959–1961, hrsg. von Hans-Anton Drewes und Eberhard Jüngel, Zürich 1976, S. 443–450.

9 Unerledigte Anfragen an die heutige Theologie, in: K. Barth/E. Thurneysen, Zur inneren Lage des Christentums. Eine Buchanzeige und eine Predigt, München 1920, S. 3–24, wieder abgedruckt in: K. Barth, Die Theologie und die Kirche, Gesammelte Vorträge, Bd. II, München 1928, S. 1–25, bes. S. 1f.

10 Erlenbach-Zürich/München/Leipzig 1922.

11 K. Barth, Autobiographische Skizze, a.a.O., S. 307.

12 Erich Schaeder, Theologische Erinnerungen an den jüngeren Blumhardt, in: Zeitschrift für Systematische Theologie 1 (1923), S. 650–678; ders., Das Geistproblem der Theologie. Eine systematische Untersuchung, Leipzig/Erlangen 1924, S. 149.

13 Gotthold Ephraim Lessing, Über den Beweis des Geistes und der Kraft, 1777.

14 K. Barth, Die christliche Dogmatik im Entwurf, Bd. I: Die Lehre vom Worte Gottes. Prolegomena zur christlichen Dogmatik, München 1927, S. 114.

15 Martin Kähler, Theologe und Christ. Erinnerungen und Bekenntnisse, hrsg. von Anna Kähler, Berlin 1926, S. 174f.

16 K. Barth, Die protestantische Theologie im 19. Jahrhundert, S. 590.

17 Vgl. K. Barth, Das christliche Leben, S. 422.445.

18 Zur Begründung der Hoffnung bei Blumhardt vgl. Johanna Catharina Schreuder, De overwinningsgedachte bij Johann Christoph Blumhardt, Kampen 1957.

19 Siehe Paul Ernst, Hamann und Bengel. Ein Aufriß ihrer Werk- und Lebensbeziehungen als Abriß wesentlicher Hamann-Züge, Königsberg Pr. 1935; G. Sauter, Die Zahl als Schlüssel zur Welt. Johann Albrecht Bengels »prophetische Zeitrechnung« im Zusammenhang seiner Theologie, in: Evangelische Theologie 26 (1966), S. 1–36; Martin Brecht, Johann Albrecht Bengels Theologie der Schrift, in: Zeitschrift für Theologie und Kirche 64 (1967), S. 99–120.

20 Weitgehend auf dieser Linie bleibt auch die von K. Barth betreute Dissertation von James Carroll Cox, Johann Christoph Blumhardt and the Work of the Holy Spirit, Assen 1959.

21 Vgl. dazu G. Sauter, Die Theologie des Reiches Gottes beim älteren und jüngeren Blumhardt, Zürich/Stuttgart 1962.

22 Bd. I–VII, Basel 1951–1964; zu Blumhardt: Bd. VII, S. 217–247.

23 Emanuel Hirsch, Die Reich-Gottes-Begriffe des neueren europäischen Denkens. Ein Vergleich zur Geschichte der Staats- und Gesellschaftsphilosophie, Göttingen 1921.

24 Dies ist gemeint, wenn Eugen Jäckh das Reich Gottes als einen »durch göttliches Wirken werdenden, Diesseits und Jenseits umfassenden Organismus« bezeichnet (Art. Blumhardt. 2. Johann Christoph und 3. Christoph, in: Die Religion in Geschichte und Gegenwart², Bd. I, 1927, Sp. 1152–1154, dort Sp. 1154) – im Blick auf Blumhardt sicherlich unzutreffend, wie K. Barth mit Recht bemerkt (Das christliche Leben, S. 447).

25 In solcher Hinsicht spricht etwa Helmut Gollwitzer vom Reich Gottes als von der »Durchsetzung des gnädigen Willens Gottes gegen alle Widerstände«: Befreiung zur Solidarität. Einführung in die Evangelische Theologie, München 1978, S. 141; vgl. auch S. 154.

26 Diese Abwehr bestimmt z. B. die Auslegung Rudolf Bultmanns, vgl. Theologie des Neuen Testaments, Tübingen 1977[7], S. 8–10.

27 Friedrich Zündel, Johann Christoph Blumhardt. Ein Lebensbild, Zürich/Heilbronn 1880.

28 Friedrich Zündel, Johann Christoph Blumhardt. Zeuge der Siegesmacht Jesu über Krankheit und Dämonie, bearbeitet von Heinrich Schneider, Gießen/Basel 1979[19].

29 Reihe II, Bd. V: Blätter aus Bad Boll, Erläuternder Anhang von P. Ernst, Göttingen 1974; vgl. auch ders., Zwischen Psychologie und Exorzismus. Der ältere Blumhardt in heutiger Forschung, in: Deutsches Pfarrerblatt 79 (1979), S. 637–639.

30 Ein Beispiel für diese Einschränkung des Blickfeldes ist E. Hirsch, Geschichte der neuern evangelischen Theologie im Zusammenhang mit den allgemeinen Bewegungen des europäischen Denkens, Bd. I–V, Gütersloh 1949–1954.

31 Johann Jakob Heß, Kern der Lehre vom Reiche Gottes. Nach Anleitung des biblischen Geschichtsinhalts, Zürich 1826[2]; zur Entwicklung vgl. Gottlob Schrenk, Gottesreich und Bund im älteren Protestantismus, vornehmlich bei Johannes Coccejus, Gütersloh 1923, bes. S. 300–332.

32 Vgl. Joh. Alberti Bengelii Gnomon Novi Testamenti, 1773[3], Berlin 1855, S. 602–607, zu Hebr. 12,24; Dr. Johann Albrecht Bengel's Leben und Wirken meist nach handschriftlichen Materialien bearbeitet von Johann Christian Friedrich Burk, Stuttgart 1832[2], S. 357f.; als Interpretationsbeispiele: Albrecht Ritschl, Geschichte des Pietismus, Bd. III: Der Pietismus in der lutherischen Kirche des 17. und 18. Jahrhunderts, 2. Abtl., Bonn 1886, S. 79–82; E. Hirsch, Geschichte der neuern evangelischen Theologie, Bd. II, S. 197f. Zur Nachwirkung der Abendmahlsanschauung auf Oetinger s. Elisabeth Zinn, Die Theologie des Friedrich Christoph Oetinger, Gütersloh o. J. (1932), S. 143–148.

33 Fr. Chr. Oetinger, Inquisitio in sensum communem et rationem, Tübingen 1753 = hrsg. von Hans-Georg Gadamer, Stuttgart-Bad Cannstatt 1964.

34 Zur Vorgeschichte s. Paul Wernle, Der schweizerische Protestantismus im 18. Jahrhundert, Bd. I–III, Tübingen 1923–1925.

35 Handbüchlein der Missionsgeschichte und Missionsgeographie, Calw 1844.

36 Siehe dazu J. Chr. Blumhardt, Gesammelte Werke, Reihe I, Bd. I, S. 76 und den Kommentar von P. Ernst in Bd. II, S. 113.

37 R. Bultmann, Zu J. Schniewinds Thesen, das Problem der Entmythologisierung betreffend, in: Kerygma und Mythos. Ein theologisches Gespräch, Bd. I, hrsg. von Hans Werner Bartsch, Hamburg 1948, S. 135–153, dort S. 150.

38 K. Barth, Die Kirchliche Dogmatik I/1, München 1932, S. 296.

39 Viktor von Weizsäcker, Menschenführung, Göttingen 1955, S. 52f.

40 Zitiert nach: Deutsche Erzähler, Bd. I, ausgewählt und eingeleitet von Hugo von Hofmannsthal, 1912, Neuausgabe Frankfurt am Main 1979, S. 309 und 315.

Markus Mattmüller

Zur Wirkungsgeschichte der beiden Blumhardt in der Schweiz

Die Betrachtung der Wirkung eines Menschen oder einer Bewegung erlaubt Rückschlüsse auf deren Wesen und auf deren Kraft. Es ist also nicht ohne Sinn, an einem speziellen Beispiel, dem der Schweiz, die Wirkung Johann Christoph Blumhardts und Christoph Blumhardts darzustellen.

Johann Christoph Blumhardt ist am 25. Februar 1880 gestorben; am 26. November setzte Friedrich Zündel den Schlußpunkt unter jene Darstellung seines Lebens und Wirkens, die seither klassisch geworden ist. Wir werden noch betrachten müssen, was diesen schweizerischen Theologen so nahe zu Bad Boll brachte, daß er der geeignetste Mann für diese Aufgabe war; vorerst möchte ich auf die selbstverständliche Leichtigkeit hinweisen, mit der hier offenbar in wenigen Wochen eine gerundete und das Zentrum treffende Darstellung einer großen Bewegung gezeichnet werden konnte. Ganz beiläufig, im Vorwort zu einem späteren Werk, dem Jesus-Buch, hat Zündel den Schlüssel zur Frage geliefert, warum seine Darstellung so selbstverständlich und rasch entstehen konnte: »Die große Teilnahme, die mein Lebensbild Blumhardts gefunden, entstammt demselben Grunde, der auch mich vornehmlich antrieb, dasselbe zu verfassen, nämlich die *Fülle von Thaten Jesu,* die in demselben verzeichnet werden durften, Thaten Jesu im weitesten Sinne, auf geistigem wie auf körperlichem Gebiete.«

Man kann über die Wirkung Blumhardts des Vaters und Blumhardts des Sohnes nicht sprechen, ohne dieses Zeugnis aus dem engsten Freundeskreise ganz ernst zu nehmen. Nicht nur Biographik, sondern auch Wirkungsgeschichte müßte nach Zündels Worten als Registrierung der Taten Jesu verstanden werden. Damit verbietet sich ein Verfahren, welches die Dogmenhistoriker und Ideengeschichtler verwenden und in welchem es einige von ihnen zur Meisterschaft bringen, das Verfahren der Feststellung einer Wanderung der Ideen von Denker zu Denker und von Land zu Land. Ich weiß diese Methode zu schätzen und verwende sie auch, wenn es etwa gilt, die Ausbreitung der konstitutionellen Ideen oder die der Genossenschafts-Idee zu verfolgen. Bei Blumhardt verbietet sie sich, weil das Wesentliche ja gar nicht in den Ideen, sondern in den Durchbrüchen, in den Taten Jesu, liegt, von Möttlingen bis nach Bad Boll. Zündel redet nicht von der Lehre Blumhardts, sondern von den Taten Jesu, die man in Möttlingen und Boll sehen konnte. Also hat einer, der heute eine Wirkungsgeschichte verfolgen will, nicht nach Ideenströmen, sondern nach existentiellen Durchbrüchen zu fragen. Ich kann deshalb nicht einen theologiegeschichtlichen Vortrag halten, wozu ich übrigens auch nicht ausgerüstet wäre, sondern nur ein Bündel von Biographien vorstellen, in denen sich meines Erachtens »Thaten Jesu« zeigen, die irgend etwas mit den Durchbrüchen in Möttlingen und Boll zu tun haben.

Da sehen wir denn einen begabten jungen Mathematiker aus der Schweiz, der sich anschickt, eine Karriere als Naturwissenschaftler und Ingenieur zu beginnen. Er kommt unter ungeklärten Umständen aus Tübingen, seinem Studienort, nach Bad Boll, und dieses Ereignis dreht seinen Lebenslauf um und macht aus ihm einen Prediger und Seelsorger, der auch außerhalb der Kanzel als Redner und Schriftsteller der reformierten Kirche der Schweiz ganz neue Impulse gibt. Das ist Friedrich Zündel. Da sehen wir zwei Brüder, Pietisten aus dem Alpenkanton Appenzell, die beide an den gleichen Orten Theologie studieren und beide im Heimatkanton Pfarrer werden; der ältere besucht Blumhardt den Sohn und wird für sein Leben lang dessen Freund; von ihm beraten, wird er zum Gewerkschaftsgründer und eidgenössischen Politiker, ohne den während 20 Jahren kein Werk der staatlichen Sozialreform in der Schweiz geschaffen werden kann. Sein Bruder, der nie nach Boll geführt wurde, wird ebenfalls Politiker, aber auf Seiten der Mächtigen im Lande, wird Verwaltungsrat wichtiger Industrieunternehmungen und Banken. Das sind die Brüder Howard und Arthur Eugster, an deren Lebensläufen man den Einfluß Bolls fast unter experimentellen Bedingungen ablesen kann. Wir können diese biographische Betrachtung weiter führen: Da gab es einen jungen Berner Pfarrer, der sich in einer kleinen Landgemeinde für die akademische Laufbahn vorbereitete, dann aber nach Boll geriet und allen akademischen Plänen abschwörte und als Pfarrer – betont nur als Pfarrer – den lebendigen Gott verkündigte, Hermann Kutter. Da gab es einen freisinnigen Pfarrer und Theologieprofessor, der in reiferen Jahren erst nach Boll gelangte, als seine Karriere ihn schon recht hoch hinaufgeführt hatte, und der fortan kein wissenschaftlich theologisches Buch mehr schrieb, sondern nur noch die Bibel für die Arbeiter Zürichs auslegte und auf seine Professur verzichtete, um unter den Entrechte-

100

ten und Heillosen in den Slums einer Großstadt zu leben und ihnen Freund und Bruder zu werden – Leonhard Ragaz. Er hat die entscheidende Wendung seines Lebens meditiert, indem er nach 1919 das erste Buch über Blumhardt den Sohn schrieb, wie 1880 Zündel das erste über Blumhardt den Vater. Da gab es einen sozialistischen Gemeindepfarrer im Kanton Aargau, der sozialdemokratische Parteisektionen gründete und von einer Karriere als Gewerkschafter und Regierungsrat träumte; über der Rezension von blumhardtschen Hausandachten hat er den Ansatz einer zeitgemässen Verkündigung gesucht und gefunden, was eine Revolution nicht nur der Exegese, sondern auch der Dogmatik bewirkte – das war der junge Karl Barth.

Und da gab es endlich einen Gemeindepfarrer in einem kleinen Bündner Bergdorf, welcher starke philosophische und künstlerische Interessen hatte; ihm wurde statt dessen der Auftrag zu teil, die Werke des jüngeren Blumhardt zu bedenken und für den Druck auszuwählen; das hat er ein Leben lang mit vorbildlicher Treue getan und darüber seine eigene wissenschaftliche Karriere fahren lassen, das war Robert Lejeune.

Das wäre also, wenn ich recht sehe, jener Tatbestand, den Zündel »Die Fülle der Thaten Jesu« genannt hätte, lebens-umwendende, biographie-gestaltende Impulse des lebendigen Gottes in der jeweiligen Gegenwart. Ich muß aber darauf hinweisen, daß in diesem Bündel von Biographien eine Reihe von Namen vorkommt, die historisch etwas bedeuten: Im religiösen Sozialismus und in der dialektischen Theologie, die in einigen dieser Freunde Bolls repräsentiert sind, steckt die gesamte Substanz des Neuen, das die reformierten Kirchen der deutschen Schweiz im 20. Jahrhundert erlebt haben und wodurch sie einen Beitrag an das Patrimonium der gesamten Christenheit geleistet haben. Boll erweist sich damit auf jeden Fall als ein Ort, von dem wichtigste Impulse ausgegangen sind und der für einige der zentralen Figuren in der neueren schweizerischen Kirchengeschichte entscheidend geworden ist.

Ich möchte nun zu zeigen versuchen, wie dieser Impuls während etwa 70 Jahren ausgegangen ist und gewirkt hat; von etwa 1850 bis 1919 kann ich ihn einigermaßen verfolgen; er hat sich zunächst in einer ganz bestimmten Gruppe von Menschen abgespielt, dann aber viel weitere Kreise erreicht.

Schon vor den entscheidenden Durchbrüchen in Möttlingen bestanden intensive Beziehungen der Familie Blumhardt zur Schweiz, ganz besonders zur Stadt Basel. Basel war seit der Wende zum 19. Jahrhundert in gewissem Sinne der Vorort des süddeutschen Pietismus, vielmehr der Erweckung; die Deutsche Christentumsgesellschaft hatte dort ihren Sitz, welche zwischen Aufklärung und Romantik die Kontinuität vom frühen Pietismus zur Erweckungsbewegung schuf. Die Beziehungen Johann Christoph Blumhardts zum Kreis der Basler Christentumsgesellschaft sind wesentlich älter als sein Durchbruch in Möttlingen: ein Verwandter, Christian Gottlob Blumhardt (1779–1838), war von 1803 bis 1807 Hauptsekretär der Christentumsgesellschaft in Basel, seit 1816 aber Inspektor der eben gegründeten Basler Mission. Durch ihn ist Johann Christoph Blumhardt bekanntlich Anno 1830 als Lehrer ans Missionshaus gezogen worden und hat dort sechseinhalb Jahre gewirkt; Zündel berichtet auch, daß er fortan an vielen der Basler Missionsfeste teilgenommen habe, und er hat ja auch durch sein Leben hin allerhand literarische und journalistische Arbeit für die Mission geleistet. Die Öffnung auf die dritte Welt hin, die sich in der eschatologisch bestimmten Missionsarbeit erweist, ist ein Element der Kontinuität zwischen Blumhardt Vater und Sohn; der Briefwechsel Christoph Blumhardts mit Richard Wilhelm zeigt das mit großer Deutlichkeit.

Es ist hier nicht der Ort, von der Wirkung dieses baslerischen Milieus auf den jungen schwäbischen Pfarrer zu sprechen; das wäre ein wichtiges und bedeutendes Forschungsthema für sich. Ich möchte nur darauf hinweisen, daß Basel während der sechseinhalb Jahre seines dortigen Wirkens eine besonders schmerzliche und folgenschwere Epoche seiner Geschichte erlebt hat, die Dreißiger Wirren, die zum Abfall der Landschaft, zur Kantonstrennung und zur Isolierung der Stadt am Rande einer radikal-freisinnigen Eidgenossenschaft führten, andererseits aber eine Welle der intensiven Besinnung und Umkehr auslösten, die das berühmte »fromme Basel« des mittleren 19. Jahrhunderts erst eigentlich geschaffen haben. Man sollte untersuchen, wie Blumhardt diesen Umbruch miterlebt hat und wie dieser ihn allenfalls beeinflußt hat; das gehört aber nicht ins heute gestellte Thema.

Die Beziehungen Johann Christoph Blumhardts zu Basel waren nachher so lebhaft, daß man annehmen kann, der Durchbruch von Möttlingen sei in der Schweiz und speziell in Basel früh registriert worden. An gedruckten Zeugnissen ist offenbar wenig erhalten, so die bekannte Kampfschrift de Valentis, eines besonders temperamentvollen Arztes und Mitarbeiters der Christentumsgesellschaft, gegen Johann Christoph Blumhardt aus dem Jahre 1849; man müßte die Periodika aus dem Kreise der Christentumsgesellschaft und der Mission durcharbeiten, um die Reaktion der Basler Erweckten auf die Ereignisse in Möttlingen zu erfassen, wozu ich nicht die Zeit hatte. Aber man kann doch darauf hinweisen, daß das Haupt der Basler Erweckung, Christian Friedrich Spittler, nach einem Besuch in Möttlingen anno 1845 seinem Staunen und seiner Freude darüber Ausdruck gab, »was der Herr durch Seinen Knecht Blumhardt thut«; er glaube nicht, »daß gegen diesen Mann, solange er auf diese Weise fortfährt, irgend etwas wird eingewendet werden können«. Diese Stimme ist für das Basler Milieu aussagekräftiger als der Angriff des randständigen Dr. de Valenti.

Aber das ist ja noch nicht die Geschichte der Wirkung des blumhardtischen Impulses in der Schweiz, sondern erst die Geschichte der Beurteilung des Skandalons von 1843 im schweizerischen Milieu. Nahe Freunde Bolls und des älteren Blumhardt finden sich ohne Zweifel in verschiedenen Basler Kreisen; weil wenig über diese Dinge geforscht worden ist, kann ich nur ein Beispiel herausgreifen, das der Familie Preiswerk, die eine Zeitlang eine zentrale Stellung in der Basler Kirche gehabt hat. Samuel Preiswerk I (1799–1871) war seit 1859 Antistes der Basler Kirche; er war Blumhardts Vorgänger als Lehrer am Missionshaus gewesen. Er hat nicht nur das Lied »Die Sach ist dein, Herr Jesu Christ« gedichtet, sondern auch schon vor 1840 den Vorschlag der Bildung eines Judenstaates in Palästina geäußert. Von seinen 13 Kindern sind zwei Pfarrer geworden, und beide, Samuel Gottlob und Eduard, waren treue Freunde des Vaters Blumhardt, der eine als Pfarrer zu St. Alban, der andere zu St. Leonhard. Von den Kindern Samuel Gottlobs sind vier Pfarrer geworden und drei von den vieren, Samuel III, Richard und Adolf, waren, wie man in Basel sagte, »Boller«, das heißt treue Freunde des Sohnes Blumhardt – man kann so die Kontinuität zwischen Blumhardt Vater und Sohn geradezu im Spiegelbild einer drei Generationen dauernden Beziehung zu einer Basler Familie sehen. Samuel III. ist in den Jahren des Ersten Weltkrieges Hausvater in Bad Boll gewesen. So gab es also Familienfreundschaften über drei Generationen hinweg in einem bedeutenden Pfarrergeschlecht – es gab aber auch Personen, die in den gedruckten Dokumenten der Geschichte kaum Spuren hinterlassen haben wie jene Baslerin Bertha Imhoff, die einer anderen alten Basler Familie angehörte und wegen einer schweren Krankheit schon früh nach Bad Boll gebracht wurde, so daß sie »wie eine Tochter Blumhardts« geworden ist; sie hat in Basel als hochgebildete und überzeugende Nachfolgerin Christi für den Geist von Bad Boll gezeugt, so daß sie einem Theologen wie Leonhard Ragaz, der nun gewiß nicht aus dem pietistischen Lager kam, den Zugang zur Botschaft vom Reich Gottes vermittelt hat.

Man darf also getrost annehmen, daß seit den mittleren 1840er Jahren in Basel immer eine Stätte gewesen ist, wo die Namen Blumhardt und Bad Boll Klang hatten. Bei allen eingangs zitierten Freunden beider Blumhardt außer bei Friedrich Zündel ist denn der Kontakt mit Boll auch über Basel zustande gekommen.

Gerade bei Friedrich Zündel, der dann von der Mathematik zur Theologie hinübergeschwenkt ist, zeigt sich in schöner Weise die Kontinuität des blumhardtschen Impulses in der Schweiz. Er hat schon 1874 vor der schweizerischen Predigergesellschaft über die soziale Stellung des Geistlichen in der Gegenwart gesprochen und dabei in völliger Isolation von der übrigen schweizerischen Geistlichkeit Thesen vertreten, die sehr nahe beim religiösen Sozialismus des 20. Jahrhunderts liegen. Und er hat dann später, nach der Blumhardt-Biographie, in zwei weiteren Büchern von der in Boll wichtigen Reich-Gottes-Botschaft gesprochen; im Vorwort zu seiner Darstellung des Lebens Jesu, die bei Albert Schweizer leider nicht interpretiert ist, findet der Leser Sätze, die den Ansatz des jungen Karl Barth vorausnehmen. Zündel verwirft nämlich dort das zeitgenössische Bestreben, »Jesu Denken behufs größerer Verständlichkeit, Annehmbarkeit und Erbaulichkeit möglichst dem unsrigen anzupassen«. Er hat vielmehr das Bedürfnis, das Bild Jesu möglichst nach seinem Sinne zu gewinnen, auch da, wo es unserem heutigen Denken zuerst fremdartig erscheint. Bessere Kenner der Theologiegeschichte mögen entscheiden, ob diese Auffassung im Jahre 1884 isoliert dasteht; mir scheint sie auf jeden Fall Barths Protest gegen den Kulturprotestantismus und Barths Losung vom ganz anderen Gott vorwegzunehmen.

Zündel steht überhaupt an jenem Orte, wo sich die Kontinuität des Wirkens von Vater und Sohn Blumhardt am besten erkennen läßt. Er hat Hermann Kutter nach Bad Boll geschickt, als der junge Berner Theologe Glaubenszweifel hegte, das war schon 1889; Kutter hatte eben sein erstes Pfarramt in Vinelz am Bielersee angetreten, und er blieb vorerst auf der Bahn, die er mit seiner Lizentiatsarbeit über den mittelalterlichen Theologen Wilhelm von St. Thierry angetreten hatte. 1896 aber entschloß er sich, nachdem er Christoph Blumhardt konsultiert hatte, den Plan einer akademischen Laufbahn aufzugeben, um, wie sein Sohn schreibt, »für die freie, unmittelbare Verkündigung offen und gewillt zu bleiben«. Nach diesem Entscheid hat er in eruptiver Weise in den Jahren 1902 bis 1907 vier Bücher hervorgebracht, die von den eingeweihten zeitgenössischen Lesern und von heutigen Forschern ohne Mühe als Ausprägungen blumhardtschen Geschichtsverständnisses identifiziert werden können – »Das Unmittelbar« (1903), »Sie müssen, ein offenes Wort an die christliche Gesellschaft« (1904), »Wir Pfarrer« (1905) und »Die Revolution des Christentums« (1907). Kutter hat geschrieben »Die Menschen haben recht, wenn sie von keiner Theologie etwas wissen wollen, die nicht aus Erlebnissen stammt« – und damit nimmt er natürlich Zündels Wort von den Taten Jesu auf. In »Sie müssen« zeigt Kutter die genaue Fortführung der Linie, die von Johann Christoph Blumhardt über Zündel zu Barth führt, wenn er schreibt: »Wir bewegen uns in unserem Leben und Streben, in unserer Sittlichkeit und Religion zu Gott hin, die Bibel geht von ihm aus. Wir setzen Gott ans Ende einer mehr oder weniger komplizierten Gedankenreihe, die Bibel folgert ihre Gedanken aus seinem Dasein.« Das ist wiederum die Auffassung von Gott als dem Ganz Anderen, der sich der Vermittlung durch eine gebildete Theologie entzieht; man begreift, daß Kutter nach diesen Büchern kein akademischer Theologe mehr werden konnte. Hier, und nicht in der Parteinahme für die Sozialdemokratie, liegt Kutters große Bedeutung; er hat das Boller Verständnis der Hervortretungen des Gottesreichs, die unabhängig vom Reich der Ideen im Reich der Wirklichkeit geschehen, einfach am Beispiel der Arbeiterbewegung exemplarisch dargestellt.

Bei jenem stillen, unpathetischen, tief frommen Pietisten aus Appenzell, der Howard Eugster-Züst gewesen ist, wird das alles noch viel deutlicher. Wenn man die schöne Biographie des Appenzeller Weberpfarrers liest, die Ludwig Specker geschrieben hat, so wird einem klar, daß Christoph Blumhardt einen großen Teil seiner Information über Arbeiterleben und Arbeiterprobleme aus dem schweizerischen Raume bekam – der Briefwechsel zwischen den beiden, der nächstens in Druck gehen kann, weist das mit aller Deutlichkeit nach. Bei Eugster aber, der vor Blumhardt in die aktive Politik gegangen ist, wirkt sich der Impuls von Bad Boll nicht so aus, daß er eine neue Verkündigung findet, wie das Kutter und Barth getan haben, sondern so, daß er von der Gerechtigkeit im sozialen Leben Zeugnis ablegen muß und sich um das leibliche Wohl des Heimarbeiterproletariates kümmern muß, wie sich Blumhardt Vater und Sohn um Gesundheit und Lebensunterhalt ihrer Hausgemeinschaft kümmern mußten. So ist Eugster denn kein Verkündiger geworden, sein Predigtstil blieb seltsam traditionell, sondern ein präziser sachkundiger Gewerkschafter und Sozialreformer, der kaum je von seiner evangelischen Überzeugung sprach, bei dem aber jeder wußte, woher seine Motivation stammte. Er lebt im Gedächtnis der schweizerischen Arbeiterbewegung weiter als einer der Pioniere der staatlichen Sozialreform, und nur, wer die großartige Dokumentation seines Briefwechsels mit Christoph Blumhardt liest, kann merken, daß er das als Reichsgottesarbeit verstanden hat.

Leonhard Ragaz, der eigenwillige und ursprüngliche Bündner Theologe, der einzige Proletarier unter den hier Darzustellenden, stammte aus einem ganz anderen Winkel der kirchlichen Landschaft, die damals wahrhaftig keine Oekumene war, aus dem theologischen Freisinn. Wäre er Christoph Blumhardt nicht begegnet, so wäre aus ihm einer jener liberalen Sozialpfarrer geworden, von denen wir in der Schweiz viele kennen – nicht umsonst sind drei von sieben ersten sozialistischen Parlamentsabgeordneten in der Schweiz reformierte Pfarrer gewesen. Aber der freisinnige Basler Münsterpfarrer wurde, als er seinen Durchbruch zum Sozialismus und zum Verständnis für das Reich Gottes bereits vollzogen hatte, durch den Einfluß von Adolf Preiswerk und Bertha Imhoff auf Christoph Blumhardt hingewiesen, und diese Begegnung führte zu einer brüsken Wendung in seinem Denken und in seinem Leben. Die freisinnigen Gesinnungsgenossen in der Basler Theologenschaft fanden schon bald, man wisse nicht mehr recht, woran man mit ihm sei; in der Zürcher Theologischen Fakultät, an die er 1908 als Dogmatiker überging, hat er erklärt, daß er sich für die Göttlichkeit Christi verbrennen lassen würde, und das hat wohl mehr Skandal gemacht als sein Eintritt in die sozialdemokratische Partei. Doch nicht genug damit, er hat bald im Reich der theologischen Gedanken, in das ihn sein akademischer Beruf wies, keine Ruhe mehr gefunden und sich in einem denkwürdigen Brief an Christoph Blumhardt gewandt, um Rat für die Wendung in seinem Leben zu finden – er hat sie dann, weil Blumhardt bereits im Sterben lag, ohne den Rat jenes Mannes vollziehen müssen, den er als seinen Meister empfunden hat, ist von seiner Professur zurückgetreten und hat als Armer unter Armen an Arbeiterbildungskursen die Bibel ausgelegt und einen nichtmarxistischen, nichtbolschewistischen Sozialismus des Reiches Gottes verkündigt. Während er um den großen Entscheid seines Lebens rang, im Winter 1920/21, hat er alle ihm zugänglichen Zeugnisse aus Boll durchstudiert und seine Lebenswende über ihrer Meditation entschieden; Zeugnis davon bilden jene Aufsätze in seiner Zeitschrift »Neue Wege«, die 1921 erschienen sind und aus dem später das Buch von 1922, »Der Kampf um das Reich Gottes in Blumhardt Vater und Sohn und weiter« geworden ist. Ragaz hat nach seinem Weggang von der Zürcher Theologischen Fakultät kein gelehrtes theologisches Buch mehr geschrieben, wohl aber eine Erklärung der ganzen Bibel von seinem, von Blumhardt bestimmten Ansatz her.

In den gleichen glutheißen Jahren, in denen Ragaz um seinen Lebensentscheid rang, ist der ebenfalls freisinnige Pfarrer im aargauischen Safenwil, Karl Barth, in der Meditation blumhardtischer Schriften den umgekehrten Weg gegangen. Barth war damals bereits Sozialdemokrat und Gewerkschafter, was er übrigens bis ans Ende seines Lebens geblieben ist. Ihm ist in der damaligen Entscheidungszeit eine andere Führung zuteil geworden, die allerdings in den Ansätzen gar nicht so verschieden war von der des Leonhard Ragaz. In den Monaten, die der Beschäftigung mit dem Römerbrief vorausgingen, hat er nicht nur Bad Boll besucht und Blumhardts Hausandachten gelesen, sondern auch Zündels Biographie studiert, und im Briefwechsel mit Thurneysen finden sich Zeugnisse über die Wirkung dieser Erlebnisse. Daß der bisherige politische Aktivist die Taten Gottes nun in der Hauptschrift des Apostels Paulus aufspüren und darstellen mußte, stellt eine nicht minder brüske Wendung in seinem Lebenslauf dar als die Wendung des Akademikers Kutter zur Predigt, als die des philosophischen Ethikers und Dogmatikers Ragaz zur Verkündigung vor den Arbeitern und zum politischen Tageskampf. Entscheidend scheint mit der Ernst, mit dem auf allen Seiten die ausgetretenen Pfade der Christlichkeit verlassen und eine neue Verkündigung des Reiches Gottes aufgenommen wird.

Damit komme ich zum Schluß. Ich habe am Beispiel einiger Schweizer zu zeigen versucht, daß das Evangelium eine umgestaltende Kraft hat und daß es Blumhardt, Vater und Sohn, geschenkt war, etwas von dieser Kraft weiterzugeben. Das ist eine Erkenntnis, die man an dieser Stätte und in diesen Tagen des Gedenkens erneuern darf, weil sie uns Mut und Hoffnung für die Zukunft machen kann. Es ist mir bei dem allem aufgefallen, daß aus dem Kreise dieser Schweizer einige der bedeutendsten Zeugnisse über die Blumhardts stammen; das ist eigentlich erstaunlich, denn keiner von ihnen hat lange in Boll gelebt; es sind also Zeugnisse, die aus einer gewissen Distanz gesehen sind – vielleicht sieht man manches aus der Distanz weniger deutlich, vielleicht gewinnt man aber auch mehr Überblick. Eines wenigstens haben diese schweizerischen Schüler und Freunde Blumhardts nicht getan: Sie haben sich nicht Blumhardts bedient, sondern auf ihn, den älteren und den jüngeren, direkt zurückverwiesen: Leonhard Ragaz' Buch von 1922 ist eine zurückhaltend kommentierte Auswahl von Blumhardt-Worten; Robert Lejeune ist der erste große Sammler und Herausgeber Christoph Blumhardts geworden. Sie haben, zusammen mit Zündel, das Werk geleistet, Blumhardts Botschaft hinauszutragen und den Menschen in der Not der Zeit als Hilfe zur Verfügung zu stellen. Sie haben sie dabei erstaunlich wenig systematisiert, sie in der Spontaneität der ersten Aussage gelassen. Vielleicht haben sie mit diesem aus der Distanz geleisteten Dienst auch zum Ausdruck gebracht, daß die Blumhardts allen gehören und wieder weit herum gehört werden sollten.

**Dokumentarische Veröffentlichungen
über Blumhardt Vater und Sohn**

Werner Jäckh
Blumhardt Vater und Sohn und ihre Welt
Zeugnisse und Bilder
208 Seiten, 61 Abbildungen, kartoniert

Johann Christoph Blumhardt (1805–1880) war eine scharf umris-
sene Gestalt. Die Fülle seines Lebens und die dunklen Stunden seines Kampfes beschäftigen nach wie vor die Menschen unserer Gegenwart. Seine geistige Heimat ist noch ganz in der Tradition des
schwäbischen Pietismus zu suchen.
Christoph Blumhardt (1842–1919) war berufen, seiner Zeit als
Warner und Mahner zu dienen. Er gehört daher in die Reihe von
Wichern, Stöcker oder Naumann.
Bei aller Verschiedenheit bilden jedoch die beiden Blumhardt, Vater und Sohn, eine geistige Einheit. Zum Verständnis ihres Wirkens gehören auch die Welt, in der sie lebten, und die vielen Menschen, die ihnen begegnet sind. Dies in Wort und Bild aufzuzeigen,
ist Ziel dieser erstmaligen Veröffentlichung, die sich auf Original-
dokumente stützt. Hier erkennt der Leser, woher die beiden
Blumhardt die Kraft empfingen, für zahllose Menschen Seelsorger
zu sein.

Johann Christoph Blumhardt
Vom Kampf und Sieg des Glaubens
Herausgegeben von Werner Jäckh
96 Seiten, kartoniert

Johann Christoph Blumhardt stand als Zeuge Gottes oft einsam
und unverstanden in seiner Zeit, doch sein Glaube ist nie erlahmt.
Er durfte im Laufe seines Lebens in zahllosen Fällen die Befreiung
seelisch und geistig gebundener Menschen erfahren, die oft auch
schwere körperliche Leiden zu tragen hatten. Seine persönlichen
Erfahrungen und Erlebnisse und vor allem die Heilige Schrift waren und blieben dabei stets die Quellen, aus denen er seinen uner-
schütterlichen Glauben schöpfte. Die hier gesammelten Worte des
älteren Blumhardt eröffnen tiefe Einblicke in seine Lebenshaltung
und vermitteln bis heute lebendige Hoffnung und Zuversicht.

J. F. Steinkopf Verlag Stuttgart